AF549726

Oskar Negt: Schriften

Band 2: Soziologische Phantasie und exemplarisches Lernen

Oskar Negt

Soziologische Phantasie und exemplarisches Lernen

Zur Theorie und Praxis der Arbeiterbildung

Steidl

Inhalt

Vorwort zur überarbeiteten Neuausgabe

Soziologische Phantasie und exemplarisches Lernen ist vor jener Zeit entstanden, in der nach jahrzehntelanger Stagnation zum ersten Mal produktive Ansätze für die grundlegende Veränderung des Bildungssystems, vor allem von den Protestbewegungen, entwickelt wurden, und trägt alle Züge eines Programms, das nach neuen Orientierungen in einer politischen Umbruchphase sucht. Die vielfachen Reaktionen auf das bisher mehrmals unverändert nachgedruckte Buch lassen erkennen, daß es in erster Linie die materiale Untersuchung von spezifischen Organisationsformen des antiautoritären, kollektiven und praxisorientierten Lernens war, von der weiterführende, auch über den Aktionsrahmen der Protestbewegung hinausweisende Anstöße zur Reflexion der konkreten *Umsetzungszusammenhänge* von politischen Theorien in die existierenden Formen des praktischen Bewußtseins ausgingen.

Die von ›links‹ kommende, für die Weiterentwicklung allein relevante Kritik an dieser Konzeption der Arbeiterbildung ist auf zwei Punkte konzentriert: zum einen auf die bekannte, aber jetzt erneut Aktualität beanspruchende Formel, daß das Klassenbewußtsein nicht das Resultat der intentionalen Erziehung der Arbeiter zu soziologischem Denken, sondern primär Ergebnis der alltäglichen Erfahrung des Klassenkampfes sei; zum anderen auf den Einwand, daß die hier vorgeschlagene Form der Arbeiterbildung den vorgegebenen Rahmen der offiziellen Gewerkschaftspolitik nicht überschreite. Da diese Vorwürfe mit einer gewissen Hartnäckigkeit immer wieder vertreten werden, ist es notwendig, auf sie in der durch ein Vorwort gebotenen Kürze einzugehen:

1. Unter dem Vorwand, den *Ausschließlichkeitsanspruch* intentionaler, durch spezifische Lernmethoden, sinnvoll koordinierten Lehrstoff und gruppendynamisch organisierte Lehrveranstaltungen vermittelter Arbeiterbildung in Frage zu stellen, wird unversehens die für die bürgerliche Postulat-Pädagogik charakteristische Trennung

von gesellschaftlichem Sein und Bewußtsein auf der Ebene eines angeblichen marxistischen Standpunktes reproduziert. Alle konkreten Vermittlungen, die inhaltlich überhaupt erst zu leisten wären, nehmen die scheinbar plausible, in Wirklichkeit aber äußerst abstrakte Form von Tatsachenfeststellungen an. Elmar Altvater faßt die in diesem Zusammenhang geäußerten Bedenken gegen die exemplarische Arbeiterbildung zusammen: »... die Überwindung der Kapitalfetische und des ihnen entsprechenden falschen Bewußtseins (vollzieht sich) wesentlich durch die Erfahrung des mehr oder weniger entfalteten täglichen Klassenkampfes. So sind dichotomisches und Klassenbewußtsein nicht absolut auseinandergerissen und die Kluft zwischen beiden auch nicht allein ›durch soziologische Phantasie und exemplarisches Lernen‹ zu überwinden, sondern der Klassenkampf wird selbst zum Lehrmeister an sich. Die täglichen Klassenkämpfe, die sich äußern in Lohnkonflikten, Auseinandersetzungen über die Intensität der Arbeit, Entlassungen, mangelnden Unfallschutz, Kampf gegen unerträgliche Arbeitsbedingungen und so weiter, werden zwar vom dichotomischen Begriff der betrieblichen Verhältnisse her interpretiert, vermögen aber, das in der Dichotomie potentiell der Widerspruch von Lohnarbeit und Kapital angelegt ist, tendenziel dieses Bewußtsein in Klassenbewußsein zu transformieren.«[1]

Abgesehen davon, daß sich diese als Kritik gemeinte Bestimmung der Beziehungen zwischen dichotomischem Bewußtsein und Klassenbewußtsein fast wörtlich in meinem Buch findet, so gibt es auf diesem Abstraktionsniveau auch sonst keine Meinungsverschiedenheiten; es ist mir nie in den Sinn gekommen, die Kluft zwischen existierenden Bewußtseinsformen und Klassenbewußtsein *allein* und *ausschließlich* durch soziologische Phantasie und exemplarisches Lernen überwinden zu wollen. Gleichwohl deuten die zitierten Sätze in der Beurteilung der Entstehungsbedingungen eine sachliche Differenz zu der von mir vertretenen Konzeption an. Denn das formalradikale Pathos, mit dem der Klassenkampf als »Lehrmeister der Arbeiterklasse« glorifiziert wird, vermag mit Ausdrücken wie »potenziell« und »tendenziell« nur schwer zu verdecken, daß es gerade die *Vermittlung* der Klassenkonflikte zu langfristigen Bildungsprozessen ist, welche die einzige realistische Chance der Transformation von unmittelbarten Erfahrungen in wilden Streiks, von Lohnkonflikten, spontanen Widerstandsaktionen gegen betriebliche Ausbeutungsverhältnisse und so weiter in stabile sozialistische Einstellungen und in situationsunabhängiges Klassenbewußtsein darstellt.

Mit allem Nachdruck und im ganzen Umfang der theoretischen und praktischen Konsequenzen stellt sich das vorliegende Buch dieses Vermittlungsroblem. Zumindest was die deutsche Arbeiterklasse betrifft, kann es nur von denjenigen als gelöst betrachtet werden, denen die materialistische Geschichtsauffassung auf illusionäre Erwartungen zusammengeschrumpft ist; vor allem auf die Hoffnung, man könne einer von den Auswirkungen des Faschismus, des Anti-Kommunismus und der Nachkriegs-Restauration in ihrem Theoriebewußtsein, ihren psychologischen Abwehrmechanismen und ihrem gesamten Verhalten entscheidend geprägten Arbeiterschaft die alltäglichen Konflikte als Klassenkonflikte dadurch bewußt machen, daß eine von Gruppen der Intelligenz formulierte und als richtig anerkannte Theorie (gleichgültig, um welche Version des Marxismus es sich dabei handelt) durch fleißige Schulung einfach umgesetzt wird. Mit einiger Sicherheit läßt sich voraussagen, daß eine lineare Strategie, die alle für die Vorstufen der Bildung von Klassenbewußtsein notwendigen Kommunikationsebenen innerhalb der organisierten Arbeiterschaft von vornherein als reformistisch denunziert und sich im übrigen darauf beschränkt, einen ›orthodoxen‹, von den existierenden Formen des Arbeiterbewußtseins ebenso wie von den Loyalitätsbindungen der Arbeiter an die gewerkschaftlichen Massenorganisationen abstrahierenden Klassenstandpunkt zur Geltung zu bringen, langfristig zum Scheitern verurteilt sein wird. Das leitet zum zweiten Punkt der ›linken‹ Kritik über.[2]

2. Immer deutlicher erweist es sich als eine Existenzfrage der zur Zeit durch Fraktionskämpfe aktionsunfähigen Neuen Linken, eine differenziertere Einschätzung der in den gewerkschaftlichen Massenorganisationen wirksamen Tendenzen zu gewinnen, um über die resignative Vorstellung von einem eindimensionalen und monolithischen, dem kapitalistischen Herrschaftssystem unrettbar integrierten Block hinauszukommen. Daß mein Buch primär auf bestimmte Entwicklungstendenzen innerhalb der Gewerkschaften, also jener Massenorganisationen bezogen ist, die sich nach wie vor auf eine gewisse Massenloyalität der westdeutschen Arbeiterklasse stützen können, ist nicht zu bestreiten; ebensowenig bestreitbar ist jedoch, daß eine solche Konzeption keineswegs im Widerspruch zu der Auffassung ste-

hen muß, daß sie ihre einzige Legitimation aus dem Ziel der prakischen Überwindung des kapitalistischen Herrschaftssystems bezieht. Im Gegenteil, gerade diejenigen, die sich auf Lenin berufen, seien an sein gegen die Ultra-Linke gerichtetes Argument erinnert, daß die Überzeugung von der geschichtlichen Überholtheit einer Organisation oder Institution keineswegs den Verzicht rechtfertigt, sie als Forum der Aufklärung und der Bildung von Klassenbewußtsein zu benutzen, solange ihnen gegenüber Loyalitätsbindungen von erheblichen Teilen der Arbeiterklasse bestehen.

Wie in keinem anderen größeren europäischen Industrieland hat die Gewerkschaftsfrage in Westdeutschland unmittelbare Relevanz für die Politik der Neuen Linken: Ohne sie in einem sehr breiten thematischen Spektrum zu diskutieren, wird es unmöglich sein, jene Strategie zu formulieren, die unter gegebenen Bedingungen auf absehbare Zeit allein Erfolg verspricht: nämlich eine *sozialrevolutionäre Doppelstrategie,* in der sich demokratische Veränderungen und Bewußtseinsbildungsprozesse mit der systemsprengenden Radikalität der Bedürfnisartikulation, der Theorienentwicklung und experimenteller Praxis verbinden, die noch auf längere Sicht in mehr oder minder isolierten Intellektuellenorganisationen lokalisiert sein werden. *Ohne Massenbasis kann die aus revolutionärer Ungeduld entspringende Praxis nur in die sich ergänzenden Verzweiflungsformen von Apathie und Terror hineinführen.*

3. Der dritte Einwand betrifft eine Erwartung, die auch in dieser neubearbeiteten Auflage nicht erfüllt werden konnte: die Theorie des exemplarischen Lernens zu einer allgemeinen Bildungstheorie zu erweitern.[3] Über die Dringlichkeit einer solchen Erweiterung besteht nach allen ausweglosen oder auch weiterführenden Ansätzen, wie sie in den letzten Jahren in den Erziehungswissenschaften formuliert wurden, kaum ein Zweifel. Daß auch diese Neubearbeitung weitgehende Verallgemeinerungen vermeidet, ist weniger im Zeitmangel als in systematischen Überlegungen begründet, die ich teilweise bereits in den Vorbemerkungen zur ersten Auflage dargelegt habe. Der Kernpunkt dieser Argumentation lautet:

Die mit der zunehmenden Verwissenschaftlichung der Produktionsprozesse einhergehende Akkumulation und das rasche Veralten von wissenschaftlichen Informationen machen die Übertragung des exemplarischen Lernens auf alle Bereiche der Erziehung und der politischen Bildung zur Notwendigkeit. Dennoch besteht augenblicklich eine größere Gefahr der Überwindung der traditionellen Pädagogik darin, kurzschlüssig eine Reihe anderer Disziplinen, ungeachtet ihres Zustandes, zu integrieren, um der Erziehungswissenschaft den Status einer Gesellschaftswissenschaft zu dekretieren; diese Tendenzen kommen wohl am besten zum Ausdruck, wo sie am wenigsten vermutet werden, in dem Versuch zum Beispiel, ohne vorgängige Untersuchung spezifischer Probleme der Erziehung den sozialwissenschaftlichen Positivismus-Streit auf die Pädagogik abstrakt zu übertragen und die Bildung auf das Bekenntnis zu emanzipativen Erkenntnisinteressen formal festzulegen.

Keine Stufe der erkenntniskritischen, methodologischen und didaktischen Reflexion ist dagegen von der Bestimmung der Bildungsinhalte, dem gesellschaftlichen Klassenantagonismus und den soziologischen Voraussetzungen des Bewußtseins der Adressaten zu trennen. Eine solche Konzeption setzt zweifellos nicht nur eine Klassentheorie der Erziehung und eine klassentheoretische Interpretation der Bedingungen aktionsgebundener Bewußtseinsveränderung, sondern auch empirische Untersuchungen über die subjektiven und objektiven Lebensbedingungen von Klassen, Schichten und Gruppen voraus, auf deren konkrete Erfahrungen Bildungsprozesse sich stützen. Eine langfristige theoretische und empirische Arbeit zur Konkretisierung der Mechanismen, die die Bildung von Klassenbewußtsein hindern oder fördern, hat gerade erst begonnen.

Soziologische Phantasie und exemplarisches Lernen ist in vieler Hinsicht eine Vorstudie; und dort, wo ihr praktischer Gehalt aufgenommen wurde, ist sie auch als theoretischer Begründungszusammenhang für eine Reihe experimenteller Erfahrungen verstanden worden.[4]

So kam es vor allem darauf an, das Buch für einen lesenden Arbeiter lesbarer zu machen; dem dienen die sprachliche Vereinfachung, die sachliche Präzisierung der Grundthesen und die inhaltlichen, über das ganze Buch verstreuten Ergänzungen; schließlich auch das Fremdwörterverzeichnis.

Frankfurt am Main, Februar 1973, O. N.

Die Ausgangssituation

1. Geraten die Funktionsbedürfnisse eines Herrschaftssystems in offenen Widerspruch zu den bestehenden Bildungseinrichtungen, so beginnt eine Periode betriebsamer Planung und der Problematisierung der traditionalen Zielsetzungen und Methoden der Erziehung; jede neue Stufe der allgemeinen Elementarbildung ist duch neue Bedürfnisse der Produktion und Reprduktion der ihr entsprechenden Gesellschaft bedingt. In ihren Inhalten überschreiten die daraus entstehenden Reformansätze meist deren unmittelbaren Zweck. Obwohl es heute in der Bundesrepublik im wesentlichen um die Anpassung von Bildungsniveau und -inhalten an die Erfordernisse einer fortgeschrittenen kapitalistischen Gesellschaft, nicht um die Revolutionierung des Erziehungswesens nach polytechnischen Maßstäben und damit im Emanzipationsinteresse der Menschen geht, ist es für die vielfältigen Formen der Arbeiterbildung zur Existenzfrage geworden, den verlorengegangenen Diskussionszusammenhang mit den allgemeinen Einrichtungen des Bildungssystems (Berufsausbildung, Schule, Universität) wieder aufzunehmen. Auch diejenigen Gruppen, die sozialrevolutionäre Ansprüche stellen, werden auf die Dauer nur um den Preis politischer Wirkungslosigkeit auf konkrete Vorschläge für die Veränderung des Bildungssystems und speziell der gewerkschaftlichen Bildungsarbeit verzichten können. Es geht dabei nicht nur um ihren Einfluß auf die Veränderung der bestehenden Bildungseinrichtungen, sondern vor allem um die Möglichkeit, der technokratischen Deformierung der Bildung entgegenzuwirken, für die Revision der eigenen Bildungsarbeit soziologische, pädagogische und psychologische Erkenntnisse aufzuarbeiten.

Die traditionelle Erwachsenenbildung und die gewerkschaftliche Bildungsarbeit befanden sich bisher auf demselben vorwissenschaftlichen Niveau einer Postulat-Pädagogik wie die übrigen Bildungseinrichtungen. Diese Situation hat sich in den letzten Jahren grundlegend verändert; schul- und familiensoziologische Untersuchungen finden immer stärkere Beachtung in der Pädagogik, so daß man mit Recht von einer »realistischen Wendung« dieser Wissenschaft sprechen kann.[1] Es gibt auch in der gewerkschaftlichen Bildungsarbeit und in der allgemeinen Erwachsenenbildung der Volkshochschulen beachtenswerte Ansätze für eine sozialwissenschaftliche Konkretisierung der Bildungsvoraussetzungen und der Bildungsziele;[2] sie haben sich bisher jedoch nur in einem sehr gringen Maße durchsetzen können.

Die sehr viel zahlreicheren Versuche dagegen, durch historische, rein didaktische oder neuerdings gruppendynamische Analysen die neuen Aufgaben der Erwachsenenbildung und der gewerkschaftlichen Bildungsarbeit zu bestimmen, scheitern daran, daß sie weder die Veränderungen der spätkapitalistischen Industriegesellschaft noch die inhaltlichen Probleme der Bildung berücksichtigen. Erziehungsziele (zum Beispiel politische Bildung), didaktische Methoden (Gruppendiskussion statt Lehrvortrag) und gruppendynamische Regeln (Homogenität der Lehrgangsteilnehmer, Erleichterung der sozialen Interaktion) werden in jeweils isolierten Abhandlungen erörtert und als formale Programmpunkte formuliert. Eine inhaltliche Vermittlung mit den spezifischen Voraussetzungen der Adressaten der Bildungsarbeit und den Erziehungszielen wird dabei in der Regel nicht geleistet.

In dem folgenden Beitrag[3] ist bewußt darauf verzichtet worden, die Angestellten und Beamten in die Analyse einzubeziehen. Auf dieser ersten Stufe der Entwicklung einer soziologischen Theorie der Bildung ist die Gefahr von unbegründeten Verallgemeinerungen besonders groß; um eine für die akademische Pädagogik durchaus typische Verfahrensweise zu vermeiden, sollen aus inhaltlichen Problemen, aus klassenspezifischen Sprachstrukturen, politischen Vorstellungen, Gesellschaftsbildern, aus historischen Zielen der Arbeiterbewegung und aus der »objektiven Möglichkeit« der bestehenden Gesellschaft Prinzipien einer Erziehungsmethode entwickelt werden, die in dieser materialen Konkretion zunächst nur für die Arbeiterbildung gilt. Die Frage, ob die Erziehung zu einer soziologischen Denkweise durch exemplarisches Lernen auch auf Bildungsprozesse von Beamten, Angestellten, Gruppen der wissenschaftlich qualifizierten Intelligenz anwendbar sei, kann nur mit allgemeinen Formeln beantwortet werden, solange deren Bewußtsein und gesellschaftliche Interessenlagen in konkreten Zusammenhängen der Bildungsarbeit noch nicht untersucht sind.

Was die wachsende Schicht der Angestellten betrifft, so wäre im Zusammenhang einer exemplarisch organisierten Bildungsarbeit etwa zu untersuchen, ob die Doppelfunktion des Angetellten als Lohnarbeiter mit besonderer Arbeitsfunktion und als Inhaber bestimmter Positionen im Autoritätssystem des Industriebetriebes[4] zu Konflikten führt, die Bildungsprozesse motivieren oder blockieren. Diese und ähnliche Fragen sind in der gewerkschaftlichen Bildungsarbeit bisher nicht ernsthaft erörtert worden. Es kann hier nur die allgemeine Vermutung geäußert werden, daß sich eine exemplarisch organisierte Bildungsarbeit in dem Maße in den Gewerkschaften durchsetzen wird, wie die Verhaltens- und Statusunsicherheit von Beamten und Angestellten, die in den industriellen Rationalisierungsprozeß hineingezogen werden, immer dringlicher eine Gesamtdeutung ihres sozialen Schicksals erfordert. Gerade die Identifizierung von Beamten, produktiven Lohnarbeitern und Angestellten in dem statistischen Sammelbegriff »Arbeitnehmer«, der auf objektive Angleichungstendenzen ihrer Lebensbedingungen hinweist und gegen die politisch motivierten Scheindifferenzierungen innerhalb der Klasse der Lohnabhängigen sinnvoll zu verwenden ist, kann in den Konzeptionen der gewerkschaftlichen Bildungsarbeit zu großen Schwierigkeiten führen. (Wobei der offensichtliche sachliche Widersinn der Bezeichnung der produktiven Lohnarbeiter als ›Arbeitnehmer‹, worauf bereits Engels aufmerksam machte, nicht darüber hinwegtäuschen sollte, daß die Verkehrung der Bedeutungsgehalte der Begriffe von ›Arbeitnehmer‹ und ›Arbeitgeber‹ zum Ausdruck der stabilsten Elemente des falschen Bewußtseins der spätkapitalistischen Gesellschaft geworden ist.)

Unter dem praktischen Gesichtspunkt der Effektivität des Lernens wird es sich trotz all dieser Einschränkungen auch heute schon als nützlich erweisen, aus Beamten, Lohnarbeitern und Angestellten zusammengestellte Lehrgänge oder gesonderte Lehrgänge für Beamte und Angestellte nach exemplarischen Prinzipien zu organisieren.

Auf die Erörterung der technischen und organisatorischen Aspekte der gewerkschaftlichen Bildungsarbeit wurde im folgenden verzichtet, weil über sie erst im Zusammenhang einer sozialwissenschaftlich und politisch fundierten Theorie der Arbeiterbildung, deren bisherige Vernachlässigung im übrigen der Theoriefeindlichkeit der bürgerlichen Wissenschaften genau entspricht, entschieden werden kann. Daß die organisatorischen Probleme, Herstellung von Lehrmaterialien, Erziehung von Gewerkschaftslehrern und Bildungsobleuten, Organisation von Lehrveranstaltungen auf Orts- und Betriebsebene und so weiter, nach einer Selbstverständigung über eine den veränderten Aufgaben der Gewerkschaften entsprechende Konzeption der Bildungsarbeit zentrale Bedeutung erlangen werden, gehört zu den selbstverständlichen, nicht weiter diskutierten Voraussetzungen dieser Arbeit.

2. Untersucht man die Geschichte der Arbeiterbildung, so lassen sich drei Entwicklungsstadien unterscheiden; sie sind gleichzeitig durch das Niveau der Elementarbildung, der technologischen Veränderungen des Produktionsprozesses und den Funktionswandel der Arbeiterorganisationen bestimmt. Der Übergang von der extensiven zur intensiven Ausbeutung der Lohnarbeit in der Mitte des 19. Jahrhunderts machte eine Hebung der Elementarbildung erforderlich; sie ist in den Anfängen der Arbeiterbewegung von der Erziehung zum Klassenkampf nicht zu trennen. Mit der Entstehung des modernen Arbeitsrechts ändert sich das. Aus der mit Allgemeinbildung verbundenen Erziehung zum politischen Denken wird die spezialisierte Funktionärsschulung. »Das ›Funktionieren‹ der Funktionäre ist damit zum Kernproblem für die Verbandsintegration geworden. An dieser Erscheinung hat sich auch die gewerkschaftliche Bildungsarbeit zu orientieren.«[5] Dieser auf die gegenwärtige Bildungsarbeit bezogene Satz kennzeichnet in Wirklichkeit nur das zweite Entwicklungsstadium der Arbeiterbildung; es ist durch eine weitgehende Arbeitsteilung zwischen ökonomischem Kampf der Gewerkschaften und politischem Kampf der Arbeiterparteien gekennzeichnet. Theoretisch waren in diesem zweiten Stadium die Bildungsgehalte auf einen geschlossenen Zusammenhang bezogen, der sich aus der Marxschen politischen Ökonomie und aus den marxistischen Weltanschauungslehren ergab. Selbst wenn die Marxsche Theorie nicht uneingeschränkt akzeptiert wurde, so konnte sich die Theorie der Arbeiterbildung doch auf ein praktisches Vorverständnis bei den Arbeitern stützen, das durch marxistisches Denken geprägt war. Eine unmittelbare, selbstverständliche Verbindung zwischen den emanzipativen Zielen der Arbeiterbewegung und einer Theorie, die sie wissenschaftlich begründen könnte, ist in der traditionellen Weise nicht mehr vorauszusetzen. Heute müssen die von Erfahrungswissenschaf-

ten gelieferten Informationen in eine soziologische und politische Interpretation einbezogen werden, um sie für den Emanzipationskampf der Arbeiterschaft und für die vernünftige Organisation der Gesamtgesellschaft dienstbar zu machen. Der Zerfall der sozialistischen Theorie ist nicht mit einem Schlag zu überwinden. Die in der folgenden Untersuchung vorgeschlagene Konzeption des exemplarischen Lernens stellt eine Antwort auf diesen Theorieverfall dar, die jene experimentelle Ebene bezeichnet, auf der eine Rekonstitution der Theorie im Zusammenhang praktischer Interessen heute sinnvoll erscheint.

Der Widerspruch zwischen den traditionellen Bildungsvorstellungen, dem gegebenen Erziehungssystem und den durch die wissenschaftliche und technische Entwicklung (insbesondere die Mechanisierung und Automatisierung) bedingten Anforderungen an die allgemeine Elementarbildung, die von der gegenwärtigen Gesellschaft nur unzureichend erfüllt werden, hat auf die gewerkschaftliche Bildungsarbeit eine doppelte Wirkung:

Auf der einen Seite ergeben sich daraus erhöhte Chancen für eine über elementare Bildungsgehalte hinausgehende Erziehung zu soziologischem und politischem Denken. Der politisch bewußte Arbeiter des dritten Stadiums der Arbeiterbildung, der dem Typus des »entspezialisierten«, durch ein technologisches Grundstudium gebildeten Facharbeit entspricht, bedarf vor allem einer soziologischen Orientierung, die es ihm erlaubt, die Praxis in größeren Zusammenhängen zu sehen und neue Informationen möglichst schnell zu verarbeiten. Diese im Sinn einer neuen Spezialisierung in technologischen und naturwissenschaftlichen Fächern erfolgende »Entspezialisierung«, die in den fortgeschrittenen Industriezweigen immer mehr von den Facharbeitern verlangt wird, ist in der Arbeiterbildung nur duch eine soziologisch vermittelte exemplarische Erziehung auch politisch wirksam zu machen. Diese Form der Bildung kann weder reine Berufsausbildung noch eine von ihr getrennte zusätzliche Allgemeinbildung in Analogie zum Studium Generale an den Hochschulen sein.

Mit großer Energie versuchen die Institutionen der freien Erwachsenenbildung (Volkshochschulen, »Arbeit und Leben«) diesen offenkundigen Mangel an gesellschaftlicher und politischer Elementarbildung durch Abendkurse und Wochenendveranstaltungen auszugleichen. Neuere Untersuchungen der Pädagogischen Arbeitsstelle des Deutschen Volkshochschulverbandes zeigen, daß Schichtarbeit, Überanstrengung durch nervliche und physische Beanspruchung am Arbeitsplatz, geringe Lernmotivationen durch die Grundschulbildung Hauptgründe dafür sind, daß die Industriearbeiterschaft an den Volkshochschulen unterrepräsentiert ist. Das Bildungsangebot der freien Erwachsenenbildung, das eine im offiziellen Schulsystem vernachlässigte Vermittlung zwischen beruflicher Fachbildung und Allgemeinbildung herstellen soll, kann aus objektiven Gründen von der Mehrheit der Industriearbeiter und der Angestellten der Großraumbüros nicht in Anspruch genommen werden. Für die gewerkschaftliche Bildungsarbeit, der erhebliche Mittel zur Verfügung stehen, neben Wochenendveranstaltungen und Abendkursen langfristige Lehrgänge zu organisieren, ergeben sich daraus in der Tat erhöhte Chancen einer soziologisch und politisch vermittelten Elementarbildung.

Andererseits kann die Gefahr einer proletarischen Imitation der bürgerlichen Halbbildung nicht übersehen werden;[6] die offizielle Unterbewertung der Bildung und des Pädagogischen in den Gewerkschaften hat dazu geführt, daß die durch das Anwachsen der Schicht der Angestellten mit bedingten, durch das offizielle Schulsystem immer aufs neue reproduzierten kleinbürgerlichen und mittelständischen Ideologien, in denen sich ein autoritäres Bewußtseinspotential entfaltet, ohne wirksame Gegenkräfte in die gewerkschaftliche Bildungsarbeit eindringen konnten. Es bedarf keines besonderen Nachweises, daß die Etablierung mittelständischer Ideologien in den Gewerkschaften jenem Formierungsprozeß entgegenkommt, der schrittweise eine formal-demokratische in eine autoritär-ständische oder gar faschistische Gesellschaft zu verwandeln droht. Indem die Arbeiterbildung ihrem Inhalt und ihrer Methode nach eine autonome Position gegenüber den bürgerlichen Bildungseinrichtungen bezieht, übernimmt sie zugleich eine eminent politische Aufklärungsfunktion.

I. Die soziologische Neuformulierung des exemplarischen Prinzips

Eine kritische Analyse der Konfliktbereiche, der Lernmotivationen und der formalen Strukturen des Selbst- und Wirklichkeitsverständnisses der Arbeiter hat im Zusammenhang einer soziologischen und politischen Konzeption der Arbeiterbildung eine doppelte Funktion: zum einen geht es um die Untersuchung der dem Bewußtsein zugrunde liegenden gesellschaftlichen Entfremdungsmechanismen, ohne deren Berücksichtigung jede Form der Bildungsarbeit zwangsläufig von fiktiven Voraussetzungen ausgeht; zum anderen um die Bestimmung der in den spezifischen Konflikten und Sprachgebilden gebundenen emanzipativen Bildungsgehalte, die in den Lehrstoff eingehen. Begreift man den Lehrgang als ein »pädagogisches Feld«, so wird verständlich, daß nicht nur die im Betrieb entstandenen Konflikte und Spannungen die Wirksamkeit von Lernprozessen beeinflussen, sondern auch die durch Erst- und Zweiterzieher (Familie und Schule) geschaffenen Bedingungen, unter denen es vielfach zur intellektuellen Verengung und gefühlsmäßigen Fixierung des sprachlichen Ausdrucks und der Motivationen kommt.

Analysen des Problemlösungsverhaltens haben auf experimentellem Weg gezeigt, daß Frustrationen, Erregungen, Lebenskonflikte, Einengungen und Einstellungsverhütungen als störende, nur schwer zu beseitigende Momente die Entfaltung der Intelligenz behindern. Was Wolfgang Hochheimer über den Schulpädagogen als Zweiterzieher sagt, gilt deshalb in noch stärkerem Ausmaß für den »Dritterzieher«, den Lehrer in den Institutionen der Erwachsenenbildung. »Als Zweiterzieher ist man, wenn man recht nachdenkt, eigenlich gar nicht Herr der Situation. In Wirklichkeit erziehen im pädagogischen Feld sehr wesentlich voreinerzogene Gewohnheiten.«[1]

In dem Maß, wie die inhaltlichen und formalen Bedingungen der Bewußtseinsbildung dem eigentlichen pädagogischen Einfluß entzogen sind, werden didaktische Methoden und technische Hilfsmittel wirkungslos, wenn sie sich nicht aus den auf gesellschaftsverändernde Praxis gerichteten Inhalten und Zielen der Bildung selber bestimmen. Wird Lernen als ein Prozeß der Interaktion begriffen, so kann leicht der Eindruck entstehen, als wäre die Entlastung der Lernsituation von der irrationalen Autorität des traditionellen Lehr- und Lernstils, vor allem durch Einführung von Teamarbeit und Gruppendiskussionen, gleichbedeutend mit der inhaltlichen Veränderung des Bildungsbegriffs. Es entsteht das, was Klafki treffend den »didaktischen Objektivismus« genannt hat.

Der Effektivität von methodischen und technischen Hilfsmitteln, etwa auch den in der französischen Erwachsenenbildung eingeführten Verfahren des »Entraînement mental«,[2] der Einübung in Regeln der Textverarbeitung, sind noch aus einem anderen Grund deutliche Grenzen in der Arbeiterbildung gesetzt. Solange die Marxsche Kritik der politischen Ökonomie als Revolutionstheorie oder auch die verschiedenen Versionen der marxistischen Weltanschauungslehren einen historisch und soziologisch begründeten Zusammenhang der einzelnen Wissensbereiche stifteten, hatten didaktische und technische Hilfsmittel ihren eindeutigen Sinn in einer agitatorisch-breitenwirksamen Umsetzung der als wahr anerkannten Inhalte. Dadurch waren neue Methoden der politischen Bewußtseinsbildung zwangsläufig rückbezogen auf die vorgegebene Theorie der Arbeiterbewegung als Mittel der praktischen Emanzipation des Proletariats. Die allenthalben feststellbare Fetischisierung der Methoden ist heute dagegen Bestandteil jener technokratischen Ideologien, die das Aufklärungsinteresse auf die beschränkte Form der technischen Rationalisierung reduzieren. Sie verschleiern die inhaltlichen Probleme der Erziehung.[3]

Das Fehlen einer geschlossenen Theorie der Arbeiterbewegung hatte in der gewerkschaftlichen Bildungsarbeit zur Folge, Bildung des Bewußtseins als Aneignung organisationspraktischer Informationen zu verstehen, die spezialisierte Referenzen liefern. So heißt es in der Broschüre einer mitgliederstarken Gewerkschaft über den Inhalt der Arbeiterbildung: »Der Lehrstoff ist bestimmt durch die Satzung der Organisation, durch ihre Grundsatzforderungen und Aktionsprogramme, durch die Beschlüsse der Gewerkschaftstage und durch die Erfordernisse der gewerkschaftlichen Tagesarbeit.« Es ist sicherlich unerläßlich, daß die gewerkschaftlichen Forderungen in den Lehrstoff der Bildungsveranstaltungen eingehen, aber sie können für eine Bildungsarbeit, die sich der Fragwürdigkeit der technischen Informationsvermittlung und der begrenzten Aussagekraft bloßer Erläuterungen von gewerkschaftlichen Normen und Forderungen bewußt ist, doch nur thematisches Material sein.

Um das unvermittelte Nebeneinander von abstrakten Normen, etwa: »soziale Gerechtigkeit«, und praktischen Forderungen, die sich zum Teil in Beschlüssen der Gewerkschaften niederschlagen, in einem einheitlichen Erziehungsprozeß aufheben zu können, der durch die objektiven Möglichkeiten der Selbstbefreiung einer Gesellschaft als Fundamentalnorm des geschichtlich notwendigen Handelns und gleichzeitig durch die sozialwissenschaftliche Einsicht in die subjektiven oder objektiven Bedingungen des kollektiven Handelns bestimmt ist, bedarf es ganz spezifischer Methoden der Arbeiterbildung; diese Methoden sind inhaltlich insoweit definiert, als sie auf der Grundlage des Erkenntnisinteresses einer politischen Ökonomie der Arbeit soziologische, sozialpsychologische und historische Aspekte in einer systemsprengenden Praxis zusammenfassen.

Will man diese inhaltlich bestimmte Methode auf einen pädagogischen Begriff bringen, so kann man sie als *exemplarisches Lernen* bezeichnen. Wolfgang Edelstein, der sie mit großem Erfolg in einer Experimenten besonders aufgeschlossenen Privatschule, nämlich der Odenwaldschule, erprobt hat, stellt mit Recht fest: »Je weniger autoritativen Traditionen Geltung zu verschaffen ist, um so notwendiger werden exemplarische Lösungen. Je weniger überzeugend rein normative Verhaltensweisen in der Schule werden, das heißt, je weniger sie selbst ein geschlossenes System zu sein vermag, umso stärker wird sie auf ein exemplarisches Prinzip verwiesen, das imstande ist, wohl die Norm als Norm darzulegen, zugleich jedoch Offenheit nach vorn (der Welt, dem Stoff, dem Schüler gegenüber) zu bewahren.«[4]

Der Hauptzweck der exemplarisch organisierten Erziehung, die sich im übrigen auf Prinzipien stützt, die mit dem im klassischen Humanismus geprägten Begriff des Normativ-Exemplarischen kaum noch etwas gemeinsam haben, bestand zunächst darin, den durch die Einzelwissenschaften angehäuften und ständig größer werdenden Lehrstoff zu reduzieren.[5] Die bürgerliche Pädagogik hat die Bedeutung des exemplarischen Prinzips für die Stoffreduktion und für die Aufschlüsselung komplexer Zusammenhänge aus einem »prägnanten Punkt« heraus durchaus erkannt. Sie war jedoch weder imstande, die

Erziehungsziele aus historischen und gesellschaftlichen Aufgaben zu begreifen noch die als exemplarisch bestimmten Themenbereiche durch tendenzielles Rückgängigmachen der verfestigten Arbeitsteilungen der Einzelwissenschaften und durch Aufhebung ihrer traditionellen Gliederung unter soziologischen und historischen Aspekten zu entfalten. So mußte der anfänglich groß angelegte Versuch einer grundlegenden Revision des Schulunterrichts und der Begründung einer neuen Bildungstheorie notwendig scheitern.

Dabei konnten auch die lernpsychologischen Vorzüge des exemplarischen Unterrichts nicht genutzt werden, denn man kann beim exemplarischen Lernen, das natürlich stets mit Informationsvermittlung verbunden ist, von einem gesteigerten Übertragungseffekt auf das ganze Wissenschaftsgebiet und, unter Voraussetzung der soziologischen Denkweise, auch auf andere Disziplinen sprechen.[6] Die Begrenzung auf ein rein didaktisches Prinzip (Derbolav), oder auf naturwissenschaftliche Gegenstände (Wagenschein), an denen die moderne Form des exemplarischen Lernens zunächst entwickelt wurde, war eine Notlösung, die die ursprünglich inhaltliche Idee des Exemplarischen, die allerdings eine Neufassung sämtlicher Lehrbücher notwendig gemacht hätte, in eine oberflächliche, nach Belieben anwendbare Methode der Stoffreduktion verwandelte. Tatsächlich verliert aber das exemplarische Prinzip seine Bedeutung, wenn zwei Bedingungen nicht erfüllt sind: die Revision auf die Dimension der Vergangenheit beschränkten bürgerlichen Geschichtsbegriffs und die Überwindung der traditionellen Arbeitsteilung zwischen den Einzelwissenschaften.

Als man den Versuch machte, den von Martin Wagenschein, der vor fast zwei Jahrzehnten die Diskussion über das exemplarische Lernen anregte, zunächst für den Bereich der Physik formulierten Gedanken: »Das Einzelne (Exemplarische, O.N.), in dem man sich hier versenkt, ist nicht Stufe, es ist Spiegel des Ganzen«,[7] auf geschichtliche Gegenstände anzuwenden, zeigte sich sehr schnell, daß ein exemplarischer Unterricht in den historischen Disziplinen, wenn Geschichte in ihrer Vergangenheitsform fixiert wird, zu einem abstrakten Modelldenken führen muß. »Es ist schon häufig genug darauf aufmerksam gemacht worden, daß die Französische Revolution sich für eine exemplarische Betrachtung besonders eigne, nicht etwa allein ihrer epochalen Bedeutung für die neueste Geschichte wegen, sondern weil im Rhythmus ihrer Phasen gewissermaßen in nuce und mit dem Zeitraffer, und also leichter überschaubar, Möglichkeiten durchgespielt wurden, die sich dann als charakteristisch für das 19. und 20. Jahrhundert erwiesen.«[8] An anderer Stelle heißt es: »... es müßte spürbar werden, daß in jenem Jahrzehnt von 1789 bis 1799 die Kräfte sich beispielhaft entfalten, die in mehr oder minder ähnlicher Auswirkung den folgenden 150 Jahren das Gepräge gaben, daß hier die Phänomenologie und die Politologie der Demokratie auf gedrängtem Raum dargeboten werden.«[9] Einem derart stilisierten, von den sozialökonomischen Bedingungen abstrahierten Geschichtsbild, in dem Robespierre »exemplarisch« für Hitler und Danton für Röhm steht, wird man schwerlich einen Beitrag zur Bildung des historischen Bewußtseins zuschreiben können. Reiner historischer Positivismus, der sich auf die Feststellung und Koordination von »Tatsachen« beschränkt, ist im Vergleich zu diesen exemplarischen Konstruktionen der bürgerlichen Pädagogik nicht nur exakter, sondern auch dem Wesen der Geschichte angemessener.

Löst man dagegen das exemplarische Prinzip aus der bürgerlichen Ideologie, so kann der oben zitierte Wagenscheinsche Satz, in dem das »Ganze« nichts weiter als den Stoff einer einzelwissenschaftlichen Disziplin bezeichnet, in einem soziologischen Zusammenhang interpretiert werden, der den raitionellen Kern der Idee des Exemplarischen aufnimmt. *»Ganzes« in diesem veränderten Sinn ist die arbeitsteilig organisierte Totalität des Produktions- und Reproduktionsprozesses einer Gesellschaft in historischer Dimension; »Einzelnes« der für das Leben der Gesellschaft, der Klassen und der Individuen relevante soziologische Tatbestand.*

Erst die Erziehung zu einer soziologischen Denkweise, deren bestimmender Zweck die Verwandlung der vorpolitisch existierenden Formen des Klassenbewußtseins in politisch klassenbewußte Aktionen ist, befähigt den einzelnen, wissenschaftliche Arbeitsteilungen produktiv rückgängig zu machen und damit handlungsmotivierende Strukturen in die chaotische Fülle der Informationen und des Lehrstoffes zu bringen.[10] Die soziolgische Denkweise unterscheidet sich von einer verfügbaren und beliebig anwendbaren Regel zur übersichtlichen Koordination sozialer Tatsachen ebenso wie von einem Verfahren, das sich mit der Reduktion der Information auf ihren sozialen Ursprung und ihre gesellschaftliche Funktion begnügt.

Es mag sein, daß sich für den versierten Vorstandspraktiker einer Gewerkschaft oder Partei sichere und eindeutige Kriterien für die Auswahl der Informationen aus den unmittelbaren Aufgabenbereichen ergeben; sobald jedoch Informationen aufzunehmen und zu verarbeiten sind, die den funktional eingespielten Erfahrungsbereich der täglichen Praxis überschreiten, versagen derart einfache und pragmatische Kriterien; wo die historisch-elementaren Bedürfnisse und Interessen der breiten Massen in Betracht kommen, ist jedes bewußte Handeln auf soziologische Phantasie angewiesen. C. Wright Mills hat sie als eine Fähigkeit beschrieben, »von einer Sicht zur anderen ... von der politischen zur psychologischen, von der Untersuchung einer einzelnen Familie zur Einschätzung staatlicher Haushaltspläne« überzugehen und strukturelle Zusammenhänge zwischen individueller Lebensgeschichte, unmittelbaren Interessen, Wünschen, Hoffnungen und geschichtlichen Ereignissen zu erkennen.[11]

Denn was in der Schule und in den Instirutionen der Arbeiterbildung als das unbewältigte »Stoffelend« auftritt, ist nur ein Auschnitt aus dem größeren Zusammenhang des durch die Massenkommunikationsmittel bedingten Überangebots an isolierten, zerfaserten Informationen. »In diesem Zeitalter der Fakten herrscht die Information noch über ihre (der Menschen) Aufmerksamkeit und ihre Fähigkeit, sie zu verarbeiten, wird unterdrückt. Sie bedürfen nicht nur der Übung des vernünftigen Denkens, obgleich die Anstrengung, dies zu erreichen, oft ihre begrenzte moralische Kraft bereits erschöpft. Was sie brauchen und was sie selbst als unabdingbar empfinden, ist ein geistiges Vermögen, das ihnen hülfe, Inormationen richtig zu benutzen und eine vernünftige, klare Übersicht über das Weltgeschehen und sich selbst zu erlangen. Ich behaupte, daß Journalisten und Akademiker, die Künstler und ihr Publikum, Wissenschaftler und Verleger im Grunde das erwarten, was man als die Fähigkeit zu einem soziologischen Denken bezeichnen kann, das mit schöpferischer Phantasie begabt ist: Ich nenne es das soziologische Denkvermögen.[12]

Die Tendenz zur Verwissenschaftlichung der gesellschaftlichen Produktionsprozesse und die Auflösung der durch einseitige Autoritätsbeziehungen von Befehl und Ausführung bestimmten Tätigkeitsbereichen, die bisher Erfahrung und praktische Übung zur Grundlage hatten, verändert jedoch nicht nur den Umfang der zu verarbeitenden Informationen, sondern auch ihre Qualität. Die Umsetzung technisch hochspezialisierten, in Wissenschaftssprachen formalisierten und formelhaft verdichteten Wissens in den Verstehenshorizont handelnder Individuen, der durch vorausgegangene Erziehung und vorwissenschaftliche Erfahrungen präformiert ist, wird selber zu einem wissenschaftlichen und politischen Problem ersten Rangen. Denn von der Reduktion komplexer Informationen (zum Beispiel naturwissenschaftlicher, ökonomischer und militärischer Art) auf wesentliche, alternativ formulierte politische Positionen hängt heute in letzter Instanz nicht weniger als die Möglichkeit demokratischer Kontrollen administrativer und bürokratischer Entscheidungen ab.[13] Die Fähigkeit der Übersetzung analytisch-wissenschaftlicher Sachverhalte in verschiedene Stufen anschaulicher, außerwissenschaftlicher Sprach- und Denkformen, durch die der wesentliche politische und soziologische Gehalt gesellschaftlicher Zusammenhänge zur Motivierung sozialen Handelns führen kann, wird so zum Kardinalproblem einer exemplarischen Bewußtseinsbildung der Arbeiter.

Wenn das exemplarische Lernen als eine alternative Konzeption zu den bisherigen Formen der gewerkschaftlichen Bildungsarbeit vorgeschlagen wird, so entspringt das nicht zuletzt der Erfahrung, daß eine von soziologischen und politischen Bildungsprozessen abgetrennte Informationsvermittlung die bestehenden Herrschaftsverhältnisse der Gesellschaft ebenso wie die arbeitsteilig verdinglichte bürokratische Rationalität der Gewerkschaftsorganisation zementiert. Obwohl die Anwendung des exemplarischen Prinzips in der bürgerlichen Pädagogik konkret an deren Geschichtsbegriff und an der arbeitsteiligen Organisation der Unterrichtsfächer scheiterte, kann sich die Analyse der Arbeiterbildung, die unter neuen Voraussetzungen die Idee des exemplarischen Lernens aufnimmt, auf eine Kritik dieser Barrieren nicht beschränken: sie muß vielmehr den gesamten Inhalt der gewerkschaftlichen Bildungsarbeit in jene Politisierungsstrategie der Arbeiterklasse einbeziehen, in der Bildung eindeutig als Bildung von Klassenbewußtsein definiert ist.

Um Mißverständnisse zu vermeiden, muß von vornherein darauf hingewiesen werden, daß exemplarisches Lernen keineswegs mit der sogenannten Fall-Methode, die mehr für das bei den Pädagogen umschrittene Problem des »Einstiegs« in exemplarische Bildungsprozesse Bedeutung hat, identisch ist. So sehr die geäußerte Befürchtung zutrifft, daß sich im Unterschied zum kategorialen das kasuistische

Lernen additiv vollzieht, wenn der einzelne »Fall« isoliert gesehen wird, so wenig kann die Arbeiterbildung auf die in den angelsächsischen Ländern seit langem erfolgreich angewandte Fall-Methode als »Einstieg« für exemplarisches Lernen verzichten.[14] Sie entspricht nicht nur dem tatsächlichen Bewußtsein des Arbeiters, das durch die »öffentliche Sprache« mehr an Dingen, also auch an hervortretenden, dem Bewußtsein sich unmittelbar aufzwingenden Ereignissen, als an Prozessen und Beziehungen orientiert ist, sondern auch seiner objektiven Situation am Arbeitsplatz, in der »Fälle« (Unfälle, Rechtsfälle usw.) Resultate von Kollisionen sind, die die Fassade der Stabilität und Sicherheit zerreißen und die zugrundeliegenden Widersprüche sichtbar machen. So kann ein Unfall zur Überprüfung der gesamten Sicherheitsvorkehrungen, ein Rechtsfall zu Überlegungen über das ganze Rechtssystem führen. Über die Funktion als »Einstieg« hinaus bieten Fall-Studien die Möglichkeit, eine den Regeln des Textverständnisses analoge Disziplinierung der Interpretation bestimmter Sachverhalte durch kollektive Lernprozesse sämtlicher Lehrgangsteilnehmer herzustellen und die nachträgliche Kontrolle des Gelernten zu erleichtern. Wird der einzelne »Fall« jedoch nicht exemplarisch entfaltet, sondern als Beispiel für andere Fälle behandelt, so verliert er jeden Bildungswert; derartige Fall-Studien bestätigen und verstärken lediglich das verdinglichte Denken, das die gesellschaftlichen Zusammenhänge in ein Universum von bloßen Fällen und Tatsachen auflöst.

II. Soziale Konfliktbereiche der Industriearbeiter

1. Die »unstrukturierte« Situation des Arbeiters

Da sich die psychische, geistige und soziale Situation der Lohnarbeiter in den technologisch fortgeschrittenen Industriezweigen der monopolkapitalischen Industrieländer, selbst wenn sich die objektive Stellung der Lohnarbeiter im Produktionsprozeß nur unwesentlich verändert hat, nicht mehr auf der Basis des materiell-elementaren Elends eindeutig »strukturiert«,[1] verlieren die traditionellen Maßstäbe für die Rangordnung der Konflikte und die Bestimmung ihres Gewichts in der Auslösung und Verstärkung soziologischer Lernprozesse, die auf die Bildung von Klassenbewußtsein gerichtet sind, zunehmend an Bedeutung.

Wie immer sozialwissenschaftliche Einzelanalysen die politische Apathie, die Arbeits-, Betriebs- und Lohnzufriedenheit,[2] an denen man den Grad der Integration des Arbeiters in die bestehende bürgerliche Gesellschaft zu messen pflegt, interpretieren mögen: aus dem vorliegenden empirischen Material, das sehr verschiedenen Auswertungen zugrunde liegt, kann mit einiger Sicherheit geschlossen werden, daß der heutige Arbeiter in einer *permanenten Spannung zwischen dem Gefühl der Unabwendbarkeit seiner sozialen Lebensbedingungen und dem Wunsch lebt, nicht mehr Arbeiter sein zu müssen.*[3] Diese Spannung wächst offenbar in dem Maß, wie die Entwicklung der Produktivkräfte den Widerspruch zwischen dem privaten Charakter der Aneignungsweise, der kapitalistisch vergesellschafteten Verfügung über die gegenständlichen Arbeitsbedingungen und der gesellschaftlichen Produktionsweise verschärft, die Bereitschaft der Arbeiter zur Identifikation mit den traditionellen Zielen und Orientierungsmaßstäben der Arbeiterbewegung dagegen nachläßt.

Sozialwissenschaftliche Experimente haben die historische Erfahrung bestätigt, daß die Neigung zur Übernahme neuer Einstellungen, Meinungen und Überzeugungen in Situationen von geringer Strukturierung, in denen anerkannte und habitualisierte Normen der

Interpretation individueller Konflikte fehlen, besonders groß ist; diese Erkenntnis muß die Arbeiterbildung in ihrem dritten Entwicklungsstadium zu einer Reorientierung ihrer Ansatzpunkte und Aufgaben führen. Sie hat die in diffusen Angstreaktionen, Unsicherheit, Gehorsam und so weiter manifest werdenden psychischen Prozesse zunächst überhaupt als relevante Gegenstände der Gesellschaftsanalyse anzuerkennen, um dadurch auch jenes von der ökonomistisch verengten Gestalt des Marxismus überkommene, in den Gewerkschaften besonders hartnäckig vertretene Vorurteil zu beseitigen, daß der seelischen Tätigkeit die Gegenständlichket der materiellen Wirklichkeit fehle.[4]

In den entwickelten Regionen der fortgeschrittenen Industrieländer haben die Bedürfnisse meist die »natürliche« Basis physischer Dringlichkeit verloren. Die Lösung der aus matieriellen Forderungen resultierenden Konflikte ist deshalb nur dann von einer gewissen Reduktion der psychischen Spannungen begleitet, wenn sie Bestandteil einer Interpretation und praktischen Veränderungsperspektive der Gesamtsituation des Arbeiters ist. *Die Arbeiterexistenz als soziales Gesamtphänomen* ist der zentrale Anknüpfungspunkt einer konkreten gewerkschaftlichen Bildungsarbeit, die sich zugleich der Gefahren und der erhöhten Chancen der Einstellungsveränderung in »unstrukturierten« Situationen bewußt ist. Denn die Angst »ist ein Zustand erhöhter Bereitschaft und Wachsamkeit. Sie ist eine innere Reaktion mit Motivationsstruktur und ist auf die Beseitigung des Angstzustandes gerichtet. Da nicht selten gerade in unstrukturierten Situationen solche Angstgefühle auftreten, erklärt sich möglicherweise die stärkere Neigung zur Konformität in solchen Situationen zu einem Teil aus derartigen Angsterlebnissen, die durch die Konformität abgebaut werden ... Und je verzweifelter einer sich um eine Interpretation der Situation bemüht, um so eher wird er geneigt sein, die erstbeste Interpretation anzunehmen.«[5]

Die Unternehmer haben diesen Zusammenhang offenbar erkannt. Wenn sie in der Vergangenheit von dem Gedanken ausgingen, daß sich die Normen des Lebens im Industriebetrieb als Grundlage von Modellen der gesamtgesellschaftlichen Ordnung dem Bewußtsein des Arbeiters gleichsam naturwüchsig einprägen,[6] so ist heute ihr Vertrauen in die von eindeutigen Machtverhältnissen bestimmte funktionale Erziehungskraft der Betriebsordnung erschüttert. Seit einigen Jahren versuchen sie nicht nur Einfluß auf eine betriebsnahe Reorganisation der Berufsbildung[7] und auf die allgemeine Schulreform zu gewinnen, und zwar mit dem erklärten Ziel, möglichen Ansätzen eines polytechnischen Unterrichts sogleich eine arbeitsökonomisch verengte Richtung zu geben,[8] sondern sie entwickeln auch großzügig finanzierte innerbetriebliche Bildungsprogramme, die ihren Zweck in der »Interpretation der Situation« des Arbeiters haben.

Die Ideologie harmonisierender Interessen zwischen den Gesellschaftsklassen, die diesen Programmen zugrunde liegt, kann mit einem gewissen Erfolg dadurch verdeckt werden, daß strukturelle Konflikte als Ausgangspunkte der Bildungsarbeit anerkannt werde. Diese Konflikte werden zwar auf der unspezifischen Ebene von »Freiheit, Bindung und Sicherheit«, bestenfalls auf einer »Zwangssituation der doppelten Loyalität zwischen Betrieb und Gewerkschaft«[9] fixiert, so daß die tragenden gesellschaftlichen Widersprüche unberührt bleiben. Aber es darf doch die Gefahr nicht übersehen werden, daß die von den Unternehmern intensivierte Bildungsarbeit, die als eine Reaktion auf die gesellschaftliche Tendenz zur Vergrößerung der funktionalen Erziehungsbereiche wie auf die spürbare Desorientierung und Unsicherheit der Arbeiterschaft zu verstehen ist, auf lange Sicht erfolgreich sein kann, wenn die überholten Vorstellungen der traditionellen Arbeiterbildung nicht aufgegeben werden.

2. Soziologische Interpretation an Stelle funktionaler Erziehung

Zu den überholten Vorstellungen der bisherigen Arbeiterbildung gehört zweifellos die Auffassung, daß der gewerkschaftlich organisierte Arbeiter seine Grundausbildung und seine gesellschaftliche Orientierung in den praktischen Auseinandersetzungen der Organisation erhalte; der überbetrieblichen Bildungsarbeit komme demgegenüber nur die begrenzte Aufgabe einer Wissensvermittlung über technisch-praktische Fragen der Auslegung des Arbeitsrechts, der Tarifverträge, der Arbeitsplatzbewertung, der Betriebswirtschaft und so weiter zu. Die wachsende Einsicht, daß die produktive Arbeitsteilung zwischen allgemeiner politischer Schulung einer Arbeiterpartei und ökonomischer Zweckschulung der Gewerkschaften seit langem nicht mehr besteht, hat in einzelnen Gewerkschaften bereits dazu geführt, auch die überregionale Bildungsarbeit organisatorisch und inhaltlich mehr als bisher am Betrieb zu orientieren.[10]

In dieser Wendung zu einer betriebsnahen Bildungsarbeit kommt die Anerkennung der Tatsache zum Ausdruck, daß die für den Arbeiter interessanten Informationen, von deren Vermittlung schließlich der Erfolg der innerbetrieblichen Agitation, der Gespräche und Diskussionen im Verlauf von Arbeitskämpfen und am Arbeitsplatz, ja der Einfluß von Zeitungen und Zeitschriften abhängt, nicht mehr in erster Linie politischen Entschlüssen und Direktiven für den aktuellen Gewerkschaftskampf, sondern Verträgen und Gesetzen entnommen sind, die von einzelnen in ihrem politischen Gehalt nur noch schwer erkannt und auf die unmittelbaren Interessen bezogen werden können.

Aber diese Erklärung reicht nicht aus. Die Wendung zur betriebsnahen Bildungsarbeit ist vielmehr Resultat eines gesamtgesellschaftlichen Prozesses, in dem allgemein eine Verlagerung der bisher durch Massenorganisationen und Parteien überbetrieblich kanalisierten Klassenkonflikte hin zum alltäglichen Erfahrungsbereich der Betriebe erfolgt. Denn im gleichen Maße, wie die von den bürokratisierten Massenorganisationen übernommenen systemerhaltenden Strategien der Konfliktvermeidung sich als brüchig erweisen und damit durchsichtig werden, staut sich an der Basis des Klassenverhältnisses notwendig ein Konfliktpotential, das sich von Zeit zu Zeit, wie die wachsende Bedeutung der wilden Streiks zeigt, in spontanen und selbständigen Organisationsformen entlädt. Widerstände gegen eine Intensivierung und Entpragmatisierung der gewerkschaftlichen Bildungsarbeit werden noch heute mit einem mechanistischen Klassenkampfgedanken begründet, den bereits Fritz Gumpert, der sich auf die Situation nach dem Betriebsrätegesetz von 1920 bezog, zu Recht für die Unterschätzung der Bildung in den Gewerkschaften verantwortlich gemacht hat.[11] Die naturwüchsige Erziehungskraft der Organisation und der praktischen Auseinandersetzungen im Betrieb als Einwände gegen eine breit angelegte, in Zielsetzung und Methode autonome Bildungsarbeit der Gewerkschaften anzuführen, hieße heute in der Tat, hinter die Einsicht der Unternehmer zurückfallen, daß die Bereitschaft der Arbeiter zur Übernahme gesellschaftlicher

Erklärungen in dem Maß wächst, wie stabile soziale Orientierungsmaßstäbe durch die Entwicklung der Produktivkräfte und durch das Sinken des theoretischen Anspruchsniveaus der organisierten Arbeiterschaft fragwürdig werden.

Bereits auf einer Ebene des bloßen Positionswechsels innerhalb der Gewerkschaften und der Wahlentscheidungen, die als solche weder in dem Widerspruch zwischen Kapital und Lohnarbeit noch in der Kritik an bürokratischen Apparaten begründet sind, entstehen Konflikte, die stets erhöhte Chancen einer weiterführenden Bildung enthalten; gleichzeitig können diese Veränderungen der Positionen und der Einstellungen aber individuelle Lebensgeschichten irreparabel auf Resignation oder Anpassung festlegen, wenn die durch Positionsveränderungen oder Wahlentscheidungen entstandene neue Situation für den einzelnen nicht in größeren Zusammenhängen des sozialrevolutionären Emanzipationsprozesses verständlich wird. Die Lösung dieser Art von Konflikten gehörte zu den traditionellen Aufgaben der funktionalen Erziehung der Organisation, unangesehen der Tatsache, daß sich inzwischen die Situation erheblich geändert hatte: daß sich nämlich im monopolistisch organisierten Kapitalismus die praktischen Auseinandersetzungen immer mehr nach »oben«, auf die Vorstandsebene von Tarifverhandlungen, verschoben hatten. Da die Organisation aus objektiven Gründen nur noch in begrenztem Maß diese Aufgaben erfüllen konnte, wurden die Bildungschancen dieses Konfliktbereiches überhaupt nicht mehr wahrgenommen.

Die von einem einzelnen getroffene Entscheidung, einer Gewerkschaft beizutreten, unabhängig davon, ob sie aus Einsicht in die eigene Interessenlage, aus traditionsbestimmten Solidaritätsverpflichtungen, auf Grund des Gruppendrucks oder im Verlauf eines Arbeitskampfes erfolgt, führt in der Regel nicht nur zur Übernahme neuer Funktionen nach erfolgter Wahl der Belegschaft, sondern erzeugt einen gewissen Widerspruch zwischen der Geschlossenheit und »logischen« Ordnung der bisherigen Einstellungen und Überzeugungen des Betreffenden und der Tatsache, die sich aus dem Gewerkschaftsbeitritt oder der Positionsveränderung ergibt. Ihre geistige und psychische Verarbeitung erfordert nicht nur zusätzliche Informationen, sondern meist auch die Modifikation und Korrektur eines Großteils der bisherigen Vorstellungen.

Zur Erklärung dieser Erscheinungen bedarf es einer kurzen Bemerkung zum sozialpsychologischen Erkenntnisinteresse, das diesen Zusammenhang betrifft. Das Interesse an der Manipulation der Menschen im Hinblick auf Wahlentscheidungen und Konsumverhalten hat dazu geführt, das hauptsächlich die sozialpsychologischen *Voraussetzungen* von individuellen Entscheidungen analysiert wurden. Die Veränderungen des Bewußtseins *nach* getroffenen Entscheidungen (post-decision-situation) blieben dagegen experimentell und theoretisch weitgehend ungeklärt. Demgegenüber hat Leon Festinger in seiner »Theorie der kognitiven Dissonanz«[12] – deren behavioristischer Ansatz freilich, das ist sogleich einschränkend hinzuzufügen, nur zur Verdeutlichung des genannten Problems ausreicht – nachzuweisen versucht, daß die aus Entscheidungssituationen resultierenden kognitiven Dissonanzen, wie etwa: Konflikte zwischen der bisherigen Beurteilung der Gewerkschaft und der Einstellungsänderung nach dem Beitritt, oder zwischen der kritischen Haltung gegenüber Betriebsratsmitgliedern und den veränderten Vorstellungen nach erfolgter Wahl in den Betriebsrat, Motivationskraft für Bewußtseinsänderungen haben; sie zeigt sich in erhöhter Aufmerksamheit, größerer Lernbereitschaft und in einem starken Bedürnis nach Informationen, die der getroffenen Entscheidung entgegenstehende Argumente widerlegen und ihr entsprechende bestätigen sollen.

Ein auf funktionaler Ebene der Positionsveränderungen motivierter Umorientierungsprozeß einzelner Arbeiter kann, ohne Vermittlung durch eine langwierige Bildungsarbeit, nur dann zu kritischem Bewußtsein und zu einer Verhaltensstabilisierung führen, wenn die zur Interpretation der neuen Situation herangezogenen Informationen mit einer politischen Erfolgskontrolle der Entscheidung durch häufige und artikulierte Aktionen der Arbeiterschaft verbunden sind. Wo dagegen für den einzelnen weder die Chance besteht, sich Informationen und Interpretationsschemata zu verschaffen, noch an Arbeitskämpfen oder an der organisatorischen Vorbereitung von Aktionen aktiv teilzunehmen, schlägt die anfängliche Lernbereitschaft in Resignation oder in bürokratische Anpassung an die Gegebenheiten um. (Es wäre deshalb zu erwägen, ob die gewerkschaftlichen Bildungsinstitutionen nicht jenen Gruppen der organisierten Arbeiterschaft erhöhte Aufmerksamkeit entgegenbringen sollten, die sich gerade erst der Gewerkschaft angeschlossen oder in der betrieblichen Gewerkschaftsorganisation neue Aufgaben übernommen haben.)

Zweifellos werden verinnerlichte (»internalisierte«) Einstellungsänderungen am wirksamsten dadurch hervorgerufen, daß der Betreffende an Kampfhandlungen, am Klassenkampf auf allen Ebenen aktiv teilnimmt. »Wir müssen jedoch sicher sein, den Betreffenden zu motivieren, seine Einstellungen im Licht seines Wertsystems zu überprüfen; dies wiederum könnte zu einer Reorganisation seiner Einstellungen führen. Die Motivation zur Überprüfung seiner Einstellungen entsteht eher dann, wenn der Betreffende an einer spezifischen Handlung, die für diese Einstellung von Belang ist, beteiligt ist. Wenn jemand dazu gebracht werden kann, eine positive Handlung einer besonderen Gruppe (oder einem Repräsentanten dieser Gruppe) gegenüber auszuführen, so entsteht daraus wahrscheinlich ein positives Gefühl dieser Gruppe gegenüber. Das wiederum könnte eine Aufgeschlossenheit für neue Informationen schaffen, eine Bereitschaft, sie aktiv zu suchen und den guten Willen, seine Einstellungen im Lichte dieser Informationen neu zu bedenken.«[13]

Die für die materielle Situation des Arbeiters wichtigen Entscheidungen waren im Nachkriegsdeutschland, insbesondere in den letzten fünfzehn Jahren, zunehmend jedoch Resultat von Verhandlungen, denen in der Regel keine kollektiven Kampfmaßnahmen oder auch nur Streikdrohungen[14] vorausgingen. Um die vom einzelnen erstrebte Reduktion »kognitiver Dissonanzen«, die sehr bald auf den Widerstand objektiver, individuell nicht mehr lösbarer gesellschaftlicher Widersprüche stößt, in weiterführende Lernprozesse überleiten zu können, müssen die an strategischen Punkten der Meinungsbildung im Betrieb stehenden gewerkschaftlich organisierten Betriebsratsmitglieder wie auch kleinere Kollektive, die keinerlei formale Funktionen ausüben, durch langfristige Schulung befähigt werden, oberflächliche Einstellungsänderungen, die meist an ihren äußeren Ursprung, zum Beispiel an gewerkschaftliche Forderungen oder an bloße Identifikationen mit einer Funktionärsrolle innerhalb der Organisation gebunden und von permanenter Bestätigung abhängig bleiben, in allgemeine, dauerhafte Bestandteile des politischen Bewußtseins der betreffenden Personen zu verwandeln.[15]

Denn es geht dabei nicht mehr einfach darum, den Sinn bestimmter Aktionen, sondern den Gehalt von Verträgen, Rechten und

Programmen zu interpretieren. Ob freilich eine solche Verinnerlichung auf die Dauer möglich sein wird, wenn Verstärkerereignisse, erfolgreiche Streiks oder politische Aktionen der Arbeiterorganisationen, gänzlich ausbleiben oder nur von Zeit zu Zeit und in nichtorganisierter Form auftreten, muß bezweifelt werden. Die objektiven Grenzen der Bildungsarbeit sind durch den Stand des praktischen Emanzipationsprozesses ziemlich deutlich vorgezeichnet und durch subjektive Anstrengung kaum zu überschreiten.

Gegenwärtig besteht aber eine andere Gefahr; daß nämlich derartigen Verstärkerereignissen eine der Frühgeschichte der Arbeiterbewegung und der Weimarer Zeit vergleichbare Erziehungsfunktion zugeschrieben wird, die sie indessen nur durch eine sichere Rückbeziehung einzelner Aktionen auf eine wie immer auch in ihrer Geltung eingeschränkte Marxsche Theorie haben konnten. Ein Begreifen der tatsächlichen Verschiebung der Gewichte im Verhältnis zwischen Theorie und Praxis wird dadurch verhindert. Obwohl auf keiner Ebene der Arbeiterbewegung die theoretische Bildung von der praktischen Erfolgskontrolle ganz zu trennen ist, können in unstrukturierten Situationen, wie derjenigen der Bundesrepublik, Verhaltensunsicherheiten der Arbeiter, die sich in eindeutigen Kampfsituationen im allgemeinen von selbst reduzieren, nur durch ein Übermaß an intentionaler, politischer Bildung in gewissem Umfang überwunden werden; denn die innere Stabilität des zwischen der Masse der Mitglieder, den ehrenamtlichen und hauptamtlichen Funktionären bestehenden sozialen Systems hängt insbesondere in stationären gesellschaftlichen Entwicklungsperioden von einem unbürokratischen, zweiseitigen Informationsfluß ab, für den nur eine antiautoritäre Arbeiterbildung die Voraussetzungen schaffen kann.

3. Institutionell vorgegebene und interpretierte Konflikte

Wo in den Forderungen nach einer betriebsnahen Bildungsarbeit auf die Berücksichtigung der Konflikte des Industriearbeiters verwiesen wird, sind meist ausschließlich die institutionell vorgegebenen Konflikte und nicht die durch kognitive und psychische Spannungen gleichzeitig auch subjektiv vermittelten gemeint. Welche Konflikte in der Arbeiterbildung zu berücksichtigen sind, kann dieser objektivistischen Auffassung zufolge vor allem durch Arbeitsplatzanalysen, Gruppendiskussionen und Interviews festgestellt werden. Für gewerkschaftliche Agitationszwecke mag der bloße Hinweis auf empirisch leicht feststellbare objektive und subjektive Konflikte genügen, nicht dagegen für eine Bestimmung der die Bildungsprozesse motivierenden Faktoren. Es ist selbstverständlich, daß in den Inhalt der Arbeiterbildung auch die unmittelbar sichtbaren, im traditionellen Sinn objektiven Konflikte eingehen; das ist eine notwendige, aber nicht zureichende Bedingung.

Gesellschaftliche Bedeutung und politische Effektivität der Arbeiterbildung sind nicht zuletzt davon abhängig, inwieweit es ihr gelingt, die grundlegenden, oft verdrängten oder verzerrt wahrgenommenen Konflikte des Individuums als strukturelle Widersprüche der Gesellschaft zu erklären und von bloßen Symptomen derartiger Konflikte zu unterscheiden. Obwohl die methodische und didaktische Realisierung einer solchen Forderung mit äußersten Schwierigkeiten verbunden ist, hat sie theoretisch und praktisch zentrale Bedeutung. Eine gegenüber den Bildungsprogrammen der Unternehmer inhaltlich konkretisierte und wissenschaftlich begründete Ausgangsbasis der Arbeiterbildung setzt Analysen voraus, welche die Konflikte aus den ihnen zugrunde liegenden Entfremdungsmechanismen der bestehenden Klassengesellschaft ableiten.

Sowohl die monotone Klage über politische Apathie und Verbürgerlichung des Arbeiters, in der das entfremdete empirische Bewußtsein meist als Zerfallsprodukt eines substantialisierten Klassenbewußseins verstanden wird, als auch die naive Selbstsicherheit der bloßen Technokraten der Massenorganisationen, für die der Arbeiter erst dann zum Problem wird, wenn seine Zahlungsbereitschaft aufhört, behindern die Einsicht in einen Zusammenhang, der für die Bewußtseinsbildung von entscheidender Bedeutung ist: *daß das unaufgeklärte Eingeständnis der Selbstentfremdung des Arbeiters ein desolates Bewußtsein erzeugt; daß aber ohne ein bewußt gewordenes Element der Selbstentfremdung die Steigerung des Selbstbewußtseins der Arbeiter und die Erzeugung politischer Emanzipationsbedürfnisse nicht zu erreichen ist.*

Die institutionellen Bedingungen für das Entstehen individueller Konflikte der Arbeiter innerhalb des Betriebs werden gewöhnlich nach dem Modell eines Beziehungsdreiecks analysiert. In ihm werden wechselnde Leistungsansprüche der technischen Apparaturen beziehungsweise der Maschinen, technisch vermittelte Kooperationsanforderungen und die Einstellung der Arbeiter gegenüber den Vorgesetzten in der Betriebshierarchie und gegenüber den beauftragten Interessenvertretern (Betriebsratsmitgliedern oder Vertrauensleuten) miteinander verbunden. Inhaltliche Ansatzpunkte der Arbeiterbildung würden diesem Modell zufolge in einzelnen Konfliktsituationen bestehen, die sich aus Anpassungsschwierigkeiten bei technologischen Neuerungen, Veränderungen der Kooperationsformen oder aus Auseinandersetzungen mit Vorgesetzten, Betriebsratsmitgliedern und Vertrauensleuten ergeben.

Wie notwendig die Feststellung und Analyse der in der Arbeitssituation entstehenden Konflikte für Bildungsprozesse und für gewerkschaftliche Maßnahmen im einzelnen auch sein mögen: es darf nicht übersehen werden, daß die über bloße Reflexreaktionen auf situationsgebundene Verschlechterungen der Lebenslage hinausgehenden Interpretationen objektiver Konflikte Verarbeitungsprodukte innerhalb einer permanenten, mehr oder minder bewußten und aktiven Auseinandersetzung des Arbeiters mit seinen *Daseinsbedingungen als Arbeiter* ist. Jeder einzelne Konflikt wird im Medium einer vorgegebenen Rundausstattung der Wahrnehmung, der Sprache, des Denkens und schichtenspezifischer Persönlichkeitsstrukturen interpretiert, seinem verständlichen Sinn nach verbalisiert und im Zusammenhang der bisherigen Erfahrungen des Arbeiters ausgelegt.

Eine in praktischer Absicht konzipierte und konfliktorientierte Arbeiterbildung, die sich weder auf das starre Reiz-Reaktion-Schema noch auf einen Abbildmechanismus stützt, der die unverzerrte Reproduktion objektiver Konflikte im Subjekt unterstellt, hat deshalb drei Ebenen miteinander zu verbinden, durch deren dialektische Vermittlung die Konflikte überhaupt erst zu möglichen Ausgangspunkten und Inhalten der Bewußtseinsentwicklung werden: 1. die manifesten Interessen, Vorstellungen, Gesellschaftsbilder, die sich mit den üblichen empirischen Untersuchungsmethoden auf Regelmäßigkeiten bringen und in Typologien zusammenfassen lassen; 2. die psychischen und kognitiven Entfremdungsmechanismen (etwa die Tendenz zur Personalisierung, reduziertes Sprachverhalten und so weiter), die der ganzen Gesellschaft oder einer Klasse zuzuordnen sind; 3. schließlich die objektiven ökonomischen und sozialen Lebensbedingungen des Arbeiters. Für die in der vorliegenden Untersuchung skizzierte Arbeiterbildung kommen vor allem die ersten beiden in Betracht, was aber keineswegs bedeuten soll, daß die Klassengesellschaft als solche aus Strukturen des Bewußtseins und psychischen Dispositionen zu erklären wäre.

Die Reaktionen des Arbeiters auf technische Veränderungen, auf die Herrschaftsverhältnisse des Betriebes oder auf Maßnahmen des Betriebsrates sind integrale Bestandteile einer voraufgegangenen *Gesamtreaktion auf die Tatsache seines Arbeiterdaseins,* die mehr und etwas anderes bezeichnet als die Summe der einzelnen Konflikte in der Situation des Betriebes; der nur schwer übersetzbare französische Begriff der »condition ouvrière«[16] trifft den inneren Zusammenhang jener drei Ebenen wohl am besten. Es ist im übrigen nicht zufällig, daß gerade die französischen Untersuchungen, die mit die bedeutendsten Analysen der modernen Situation des Arbeiters geliefert haben,[17] von jenem dialektischen Zusammenhang zwischen geistigen, psychischen und sozialökonomischen Elementen der »condition ouvrière« mit einer gewissen Selbstverständlichkeit ausgehen, während sich die deutschen Analysen viel mehr an kausalmechanischen Beziehungen zwischen gesellschaftlichen Interessenlagen und Bewußtseinsformen orientieren oder beide Ebenen sogar vollständig trennen.

Bevor noch der Arbeiter in die Situation kommt, die von ihm wahrgenommenen aktuellen Spannungen und Konflikte innerhalb seines Betriebes psychisch und geistig zu verarbeiten, haben sich in seiner Lebensgeschichte die Existenzbedingungen seiner Klasse sowie Entfremdung, Konflikte und Widersprüche der gesellschaftlichen Totalität bereits individuell reproduziert und meist auch zur »zweiten Natur« verfestigt. Es wäre also ein Mißverständnis, wollte man betriebsnahe Bildungsarbeit unter praktischen Gesichtspunkten auf den Problemhorizont eines Betriebssyndikalismus einschränken. Klassenkonflikte sind gesamtgesellschaftliche Konflikte, und wenn der Industriebetrieb als Ausgangsbasis einer neu formulierten Bildungsarbeit genommen wird, so mit dem soziologischen Argument, daß die auf die »condition ouvrière« bezogenen Primärerfahrungen der Arbeiter hier am schwersten zu verschleiern sind.

Wenn Arbeiterbildung von den wirklichen Konflikten der Individuen ausgehen will, um sie bewußt zu machen und soziologisch zu interpretieren, so kann sie sich nicht auf die Feststellung der empirischen Regelmäßigkeiten von manifesten Interessen, Meinungsäußerungen und Neigungen beschränken; sie muß vielmehr gleichzeitig stets deren spezifische Funktion in der Aufrechterhaltung des kognitiven und psychodynamischen Gleichgewichts des einzelnen berücksichtigen. So kann man häufig feststellen, daß von einem Informationsmangel auf das Fehlen zugrundeliegender Interessen der Arbeiter geschlossen wird – ein Schluß, der insofern richtig ist, als sich manifeste Interessen allererst mit Hilfe von Informationen artikulieren. Das für die Bewußtseinsbildung wichtige Problem einer zwanghaften, vom einzelnen sich selbst auferlegten Informationssperre, die Resultat objektiv verweigerter interessanter Informationen (typisch für Belegschaftsversammlungen) oder der resignierten Einsicht in die Unübersetzbarkeit formal-analytischer Zusammenhänge in den praktischen Verstehenshorizont der Arbeiter sein können (charakteristisch für gewerkschaftliche Lehrveranstaltungen), wird dabei in seiner Bedeutung für die Abwehr »kognitiver Dissonanzen« und für die Aufrechterhaltung eines psychodynamischen Gleichgewichts[18] jedoch übersehen. Um aber die für die Aufrechterhaltung dieser Informationssperren aufgewendete Energie der Arbeiter in Lernprozessen freisetzen zu können, bedarf es einer gründlichen Analyse der sie bestimmenden Mechanismen und der Entwicklung von Strategien, die den Arbeitern die Erkenntnis der gesellschaftlichen Realität als sinnvoll erscheinen lassen.

Es wird auf die Dauer ohnehin nicht zu vermeiden sein, daß sich die gewerkschaftliche Bildungsarbeit psychoanalytischer Kategorien bedient, um die durch eine manipulierte Allgegenwart von internationalen Spannungen verdrängten sozialen Konflikte im Inneren der Industrieländer sichtbar und für soziologische Lernprozesse verwendbar zu machen.[19] Denn der Versuch, die Bildungsarbeit soziologisch und sozialpsychologisch zu fundieren, hat zur Voraussetzung, daß die in Bildungsprozessen dem objektiven Interesse der Menschen konfrontierten subjektiven Interessen und Anschauungen als »Verarbeitungsprodukte« dieser spezifischen Gesellschaftsordnung betrachtet werden, deren verbalisierte Formen auf ihre Funktion hin zu untersuchen sind. Weder die sogenannten objektiven Konflikte des Betriebes, die den Arbeiter unmittelbar betreffen, noch die subjektiven Deutungen dieser Konflikte können ohne gesamtgesellschaftliche Interpretationen eine betriebsnahe Bildungsarbeit begründen.

Der von der Psychoanalyse aufgezeigte Mechanismus der Rationalisierung bewirkt nämlich, daß die gleiche Aussage des Arbeiters wahr und falsch zugleich sein kann, »je nachdem, ob sie an der Realität oder an ihrem psychodynamischen Stellenwert gemessen wird; ja solcher Doppelcharakter ist den Rationalisierungen wesentlich, weil das Unbewußte die Linie des geringsten Widerstandes verfolgt, also sich anlehnt an das, was ihm die Realität vorgibt … Immer wieder … werden die Abwehrmechanismen des einzelnen Verstärkungen suchen bei den bereits etablierten und vielfach bekräftigten der Gesellschaft.«[20] Ohne die Berücksichtigung des psychoanalytisch gedeuteten Zusammenhangs der Rationalisierung können die Probleme, die sich aus den Tendenzen zur Privatisierung, Integration und Entpolitisierung des Arbeiters ergeben, nicht sinnvoll erklärt und politisch gelöst werden.

4. Arbeit und Konsuminteresse

Die Erfahrung der Trostlosigkeit des Arbeiterdaseins, die bereits in der Familie beginnt, und der empfundene Verlust des gesellschaftlichen Sinnes der vergesellschafteten Arbeit,[21] der unter den Verhältnissen einer »Gesellschaft des Privatinteresses« (Marx) auch durch die technologisch bedingte Aufhebung ihrer stupiden, repetitiven Formen kaum wiederzugewinnen ist, führt zu einer Mobilisierung von Abwehrmechanismen, die sich in das Schema der sozialen Konflikte des »Ich« am besten einfügen. Die objektiv verwehrte Befriedigung wahrer gesellschaftlicher Bedürfnisse, die Verhinderung einer solidarischen Kommunikation der Produzenten in der Verfügung über Arbeitsbedingungen und Arbeitsprodukte, wird duch Ersatzhandlungen und Ersatzbefriedigungen kompensiert, deren Formen durch die bestehende Gesellschaft vorgegeben sind. Und je weniger elementares Elend und personale Herrschaftsbeziehungen die Voraussetzungen der Ausbeutung durchsichtig machen, desto wirkungsvoller nehmen sie den Charakter von Naturformen, die Festigkeit dinglicher und eigengesetzlicher Verhältnisse an.

Wollte man die subjektiven Rechtfertigungsgründe des Arbeiters in der Bewertung des Lohnes, des Konsums und des Privaten überhaupt sowie die Beschränkung seines sozialrevolutionären Interesses auf den engen Bereich der Sozialpolitik und der Lohnerhöhungen für das nehmen, was einer betriebsnahen Arbeiterbildung als Ansatzpunkt und Inhalt dient, so würde man den Fehler machen, die Konflikte auf Interessen zu reduzieren, die ihrersets bereits erfahrungsbedingt durch die Reaktion auf die »condition ouvrière« bestimmte Formen der individuellen Konfliktlösung darstellen.

Es mag für eine pragmatische Gewerkschaftspolitik, deren Entscheidungen in gewissem Ausmaß an die Bedingungen des entfremdeten Bewußtseins der Arbeiter gebunden sind, keine unmittelbar praktische Bedeutung haben, ob etwa die Lohnansprüche des Arbeiters psychologisch in den wachsenden Anreizen der Konsumgesellschaft, die künstliche Bedürfnisse schafft und die materielle Bedürfnisspannung der Menschen durch die phantasiereiche Erfindung von Mangelsituationen verewigt, in der Leistung oder in einer unbewußten Kritik des Arbeiterschicksals, als Reaktion auf die objektiv versagte Entfaltung der gesellschaftlichen Wesenskräfte des Arbeiters und auf seine minderbewertete soziale Stellung, begründet sind.[22]

Für die Arbeiterbildung ist indessen nicht nur die Differenzierung und Gewichtung der Konflikte, sondern auch die Bestimmung ihrer Funktion für den psychischen Haushalt der Individuen von zentraler Bedeutung. Selbst wenn man der Arbeit, die hier vereinfachend als Inbegriff der in »Technik und Industriearbeit« analysierten verschiedenen Leistungs- und Arbeitsformen verstanden wird,[23] den metaphysischen Status, den sie in der bürgerlichen Ideologie des 18. und 19. Jahrhunderts und vielfach noch heute einnimmt, nicht zuschreibt, so bleibt ihr in industriellen Klassengesellschaften eine über die materielle Produktion hinausgehende Funktion in der Entstehung, Reproduktion und Reduktion der Konflikte des Arbeiters. Die mit Mechanisierung und Autonomie einhergehenden Strukturveränderungen der technischen Produktivkräfte heben nicht jene Form des Arbeitsprozesses auf, die nach wie vor durch das Verwertungsinteresse des Kapitals bestimmt ist. Daß Form und Zeitmaßstab des Arbeitsprozesses weitgehend über die Freizeitbeschäftigung (den Sport eingeschlossen)[24] entscheidet, läßt sich nach allen bisherigen Untersuchungsergebnissen kaum bestreiten.[25] »Für die Gegenwart und sicherlich auch noch für eine absehbare nächste Zukunft bewegt sich aber der Anteil der disponibel zur freien Verfügung stehenden Freizeit an der Wachzeit immer noch in Proportionen, die es nicht gestatten, von einer wesentlich freizeitbestimmten oder von einer durch Freizeitkonsum ausgefüllten Welt der Jugend oder auch der Erwachsenen zu sprechen.«[26]

Schon Freud hat die zentrale Rolle der Arbeit in der Realitätsbeziehung und in der sozialen Kommunikation der Menschen betont. »Keine andere Technik der Lebensführung bindet den einzelnen so fest an die Realität, als die Betonung der Arbeit, die ihn wenigstens in ein Stück der Realität, in die menschliche Gemeinschaft, sicher einfügt. Die Möglichkeit, ein starkes Ausmaß libidinöser Komponenten, narzißtische, aggressive und selbst erotische auf die Berufsarbeit und auf die mit ihr verknüpften menschlichen Beziehungen zu verschieben, leiht ihr einen Wert, der hinter ihrer Unerläßlichkeit zur Behauptung und Rechtfertigung der Existenz und der Gesellschaft nicht zurücksteht. Besondere Befriedigung vermittelt die Berufstätigkeit, wenn sie eine frei gewählte ist, also bestehende Neigungen, fortgeführte oder konstitutionell verstärkte Triebregungen durch Sublimierung nutzbar zu machen gestattet.«[27]

Auch wenn die drückende Last der Arbeit, wie sie das 19. Jahrhundert kannte, innerhalb der fortgeschrittenen Industrieländer nur noch in industriell zurückgebliebenen Regionen oder Produktionszweigen anzutreffen ist, so hat ihre Entlastung vom sozialen Elend in einer weitgehend unverändert gebliebenen Klassengesellschaft weder eine »Identifzierung« des Arbeiters mit der Arbeit und dem Arbeitsprodukt – es sei denn in einer zwanghaften Form – noch eine Entfaltung der mit der Berufsarbeit »verknüpften menschlichen Beziehungen« bewirkt. Denn die von Freud der Arbeit zugesprochene libidinöse Bindungskraft darf nicht mit dem verwechselt werden, was die Industriesoziologen als Arbeitszufriedenheit beschreiben und was häufig nichts weiter als einen von vorhergehenden Spannungen entlasteten Zustand bezeichnet. So wird Zufriedenheit mit der Arbeit und dem Arbeitsplatz geäußert, wenn sich Arbeit, durch die Trennung der Abfolge automatischer Gesten von Ideenassoziationen und Vorstellungen, in eingeschliffene Arbeitsreflexe verwandelt hat, oder wenn die Unabänderlichkeit des gegenwärtigen Berufsschicksals eingesehen und akzeptiert wird, nachdem die Realisierungsansätze aller übrigen Berufvorstellungen gescheitert sind.[28]

Wo die Arbeit im Zuge der technologischen Veränderungen für den einzelnen tatsächlich interessanter wird, so daß sie ihre vorherrschende Funktion, den Arbeiter an die realen Existenzbedingungen seiner Klasse zu binden, verliert, entstehen unter den gegebenen gesellschaftlichen Verhältnissen neue Konflikte; obwohl größere intellektuelle Leistungen, die von stoffverändernden, mit körperlicher Anstrengung verbundenen Tätigkeiten entlasten, dem einzelnen an sich ein höheres Maß an Befriedigung gewähren müßten oder vielleicht auch tatsächlich gewähren, wird diese Wirkung doch gleichzeitig durch die Verstärkung anderer Entfremdungsmechanismen neutralisiert. Die Verwandlung der stoffverändernden Tätigkeit in intellektuelle Leistungen vom Typus der »technischen Sensibilität« beseitigt ein für das Bewußtsein der Entfremdung der Arbeiterschaft entscheidendes Distanzierungskriterium, durch das die körperliche, wertschaffende, von Zirkulation und Verwaltung äußerlich unterschiedene Arbeit Identifikationsmerkmal der Arbeiterschaft als einem Kollektiv der Leistung und des gemeinsamen Schicksals wird.[29] Gerade die »Intellektualisierung« der Arbeit kann so zu Konflikten und Differenzierungen innerhalb der Arbeiterschaft führen, die im ersten und zweiten Stadium der Arbeiterbildung nur untergeordnete Bedeutung hatten, mit zunehmender Automatisierung des Produktionsprozesses aber zu einem zentralen Problem der Bildung von Klassenbewußtsein werden könnten.

Wenn eine Identifikation des Arbeiters mit seiner Arbeit, ihren Produkten und dem Kollektiv der Produzenten ausgeschlossen oder fragwürdig ist, müssen »bare Zahlung« und Steigerung der Arbeitsintensität den notwendigen Ausgleich der versagten Befriedigung bringen[30] – eine Form der Ersatzbefriedigung, welche zugleich Ausdruck der praktischen, mehr oder minder unbewußten Kritik der Lebensbedingungen dieser Gesellschaft und wichtigster Faktor der durch Entpolitisierung und Privatisierung bestimmter Integration des Arbeiters in die bürgerlich-kapitalistische Gesellschaft ist. »De facto verwandelt (dieser Ausgleich) sich dabei zunehmend in eine Ersatzbefriedigung, die für weitere Ersatzbefriedigungen Freiheit schafft, nämlich Genußfreiheit in einer offenen Bedürfnisspirale. Die Möglichkeit, am Konsum teilzunehmen, bereichert zwar auch, kann aber das Phänomen der Ersatzbefriedigung nicht ausgleichen.«[31]

Wenn auch eine solche Einsicht in den Zusammenhang zwischen den Strukturen der Arbeit und dem Phänomen des Lohnes keineswegs dazu führen kann, die durch die gewerkschaftlichen und durch wilde Streiks angemeldeten Lohnforderungen zu reduzieren, so muß sich eine konfliktorientierte Bildungsarbeit doch dessen bewußt sein, daß mit einer volkswirtschaftlichen Verengung des Lohn-Preis-Mechanismus die Ebene der Konflikte nicht erreicht wird, welche die Gesellschaft verdrängt und die sich der Arbeiter ohne soziologische und sozialpsychologische Interpretationen nicht bewußt machen kann. Eine der Arbeiterbildung selbst vorausgehende Analyse des Lohnes, der heute zudem die Vermittlung zwischen Arbeitswelt und Privatsphäre zu leisten hat,[32] hat nicht nur seine der »Logik« des kapitalistischen Systems angemessene Integrationswirkung sichtbar zu machen, sondern auch aufzuweisen, daß die Privatisierung der Interessen in einer durchgängig vergesellschafteten Gesellschaft stets Produkt einer Ersatzbefriedigung, Reaktionsform auf versagte gesellschaftliche Bedürfnisse ist.[33]

Indem der Lohn die Funktion einer Reproduktionsbasis von Ersatzbefriedigungen annimmt, ist sein Stellenwert innerhalb der Arbeiterbewegung in der Tat verändert. Diente im 19. Jahrhundert der materielle Fortschritt in den Forderungen der Arbeiterbewegung als bloße Voraussetzung der menschlichen Emanzipation des Proletariats, das sich aus der Abhängigkeit von den rohen Bedürfnissen lösen wollte, so hat sich heute sein Sinn bis zur Absurdität verkehrt: er wird zum einzigen und allbeherrschenden Zweck eines auf materielle Standards reduzierten Lebens.[34] Das eigennützige Element in der Motivierung menschlichen Verhaltens, also auch das Streben der Arbeiter nach »Wohlstand«, ist eben seinem Inhalt nach um soziale Institutionen organisiert, deren Struktur heute durch grundlegende gesellschaftliche Antagonismen bestimmt ist. »Welche konkrete Richtung das eigennützige Handeln nimmt und damit auch, welche sozialen Folgen es mit sich bringt, ist also abhängig von den Maßstäben, nach denen Anerkennung gewährt wird, von den Handlungen, mit denen sich Lust verknüpft, und von den Prestige- und Statussymbolen, die allgemein anerkannt werden. Dies gilt wiederum genausogut für die üblicherweise als ›wirtschaftlich‹ bezeichneten Interessen wie für alle anderen.«[35]

Es ist hier nicht möglich, eine umfssende Analyse der grundlegenden Konfliktbereiche zu geben, von denen eine betriebsnahe Bildungsarbeit auszugehen hätte. Aus den bisher erläuterten Zusammenhängen, die nur auf die Richtung einer realistischen Politisierungsstrategie und auf den Problemhorizont gründlicher wissenschaftlicher Analysen über Bewußtsein und Konfliktbereiche der Industriearbeiter hinweisen konnten, ergibt sich jedoch als Resultat folgende These: *In dem Maße, wie Gewerkschaftspolitik und Arbeiterbildung an der Erklärung und Lösung von Konflikten orientiert sind, die sich als abgeleitete erweisen, verstärken sich die Desorientiertheit, Unsicherheit und Hoffnungslosigkeit der Arbeiter.* Das ist aber der traditionelle Nährboden für konformistische und autoritäre Einstellungen.

Um die illusionäre Konfliktlösung auf dem Niveau von Ersatzbefriedigungen begreifen und überwinden zu können, hat die gewerkschaftliche Bildungsarbeit von dem Widerspruch auszugehen, der das Gesellschaftsbild ebenso wie die Interessen des Arbeiters bestimmt: *er will nicht mehr Arbeiter sein und kann sich doch von dem Gefühl nicht befreien, es immer bleiben zu müssen.* Andrieux und Lignon haben in ihrer Untersuchung über die französischen Arbeiter diesen Widerspruch noch in der Gruppe der »militants«, der politisch bewußten Arbeiter, gefunden.

Wie immer jedoch die Selbstentfremdung des Arbeiters definiert werden mag: sie nimmt objektiv offenbar in dem Maße zu, wie die eigene Situation der Entfremdung, die Abhängigkeit als Lohnarbeiter, die Deformation seiner gesellschaftlichen Wesenskräfte und die inferiore soziale Stellung in den Vorstellungen der Industriearbeider schwinden. Nach den (bei den Turiner Fiat-Werken) ermittelten Ergebnissen einer sozialwissenschaftlichen Untersuchung, die sich methodisch auf eine an den Merkmalen der A- und F-Skalen[36] orientierten Entfremdungsskala stützt, korrelieren mangelndes Bewußtsein der eigenen Klassenlage, Neigung zu politisch autoritären Einstellungen und Anfälligkeit für die Produkte der Massenkultur. »Der seiner eigenen objektiv entfremdeten Lage bewußte Arbeiter, der dementsprechend auf politischem Boden unmittelbar für die Aufhebung dieses Entfremdungszustandes kämpft, negiert in seinem Bewußtsein die eigene subjektive Entfremdung beziehungsweise die Einbeziehung in das ideologische und normative System des Kapitalismus.«[37]

Die Stärkung des »Ungleichheitsbewußtseins« (Ernst Niekisch) der Arbeiter, das heißt des Bewußtseins ihrer wirklichen Abhängigkeiten, bedeutet heute, die Konflikte sichbar und bewußt zu machen, deren Lösung in den materiellen Forderungen der Arbeiterbewegung stets mitgedacht war. Dabei geht es keineswegs darum, den

Arbeitern gleichsam von außen ein Ungleichheitsbewußtsein aufzuzwingen, dem die objektiven und subjektiven Voraussetzungen fehlen; das Gefühl der Ungleichheit ist, wenn man Anpassung und Konformismus begreift, in der Tat für das Bewußtsein der Arbeiter heute noch bestimmend.

Was Hegel ein »praktisches Gefühl« nennt, das seiner Natur nach den Inhalt der Vernunft, ein Sollen gegenüber dem Gegebenen, bereits enthält, aber nur als unmittelbarer, natürlicher und subjektiver Inhalt, der erst durch wissenschaftliches Bewußtsein die Form der Allgemeinheit und Notwendigkeit, Objektivität und Wahrheit erhalten kann, zieht sich bei den Arbeitern in Gestalt des bestimmenden Wunsches, nicht mehr Arbeiter sein zu wollen, durch sämtliche Äußerungen, welche die subjektive Bewältigung der Gesamtsituation des Arbeiters betreffen. Die Formen der entfremdeten Überwindung des Arbeiterschicksals, die illusionären Hoffnungen auf ein von Herrschaft und Zwang befreites Dasein, hängen freilich nicht nur von nationalen Eigentümlichkeiten, sondern auch vom Stand der Industrialisierung ab; so ist festzustellen, daß in Deutschland der Traum vom besseren Leben meist an die Hoffnung auf einen Aufstieg in der Hierarchie (als Kontrolleure, Angestellte, auch als Gewerkschaftsfunktionäre) gebunden ist, während die Gruppe der »Evasionisten« in Frankreich, wie zur Zeit der Weimarer Republik auch noch in Deutschland, viel mehr an Eigentumspositionen des Kleinhandels und der Landwirtschaft orientiert ist.

Zweifellos kann das Bewußtmachen jener Konflikte des Arbeiters, die sich unter der Oberfläche der formalen Gleichstellung der Rechtssubjekte und der egalitären Fiktionen der Konsumenten verbergen und unter gegebenen Verhältnissen Scheinlösungen durch Resignation, »Evasion«[38] oder Konformismus erfahren, subjektiv die Selbstentfremdung erhöhen. Es gibt aber für die Arbeiterschaft keinen anderen Weg der Aufhebung der Entfremdung als durch das volle Bewußtsein der Entfremdung hindurch.

Es könnte eingewandt werden, daß die aufgezeigten Konflikte von dem organisationsfähigen und politisch bewußten Arbeiter, also dem eigentlichen Adressaten der Bildungsarbeit, durch sein praktisches Engagement in der Organisation bereits gelöst seien, so daß es nur noch darauf ankomme, sein pragmatisches Wissen zu vervollständigen. Das ist aber ein gefährlicher Irrtum. Im Unterschied zur traditionellen Arbeiterbewegung, in der die Minorität der politisch bewußten Arbeiter für die Gesamtbewegung und ihre Erfolge kennzeichnend war, repräsentiert heute die Mehrheit innerhalb der Arbeiterschaft zugleich den Typ mit den chrakteristischen Zügen einer mehr oder weniger alle Arbeiter betreffenden resignierten und dichotomischen Denkweise.[39] Dieses Strukturelement des Denkens der Arbeiter kann aber weder als Zerfallsprodukt des traditionellen Klassenbewußtseins noch als bloßer Ausdruck von Paria-Mentalität oder des individuellen Scheiterns verstanden werden. Auf der Stufe des »praktischen Gefühls« schlägt sich in ihm vielmehr die objektive Polarisierung der Klassengesellschaft nieder, so daß seine Aufnahme als Moment der Reflexion die Analyse der Gesellschaft vor oberflächlichen pluralistischen Vereinfachungen und die Politik der gewerkschaftlichen Massenorganisationen vor einem verhängnisvollen, materiell verengten Fortschrittspragmatismus bewahren könnte.

III. Sprachbarrieren und Lernmotivationen

Die in den bisherigen Kapiteln entwickelte betriebsnahe Bildungsarbeit hat ihrem Programm nach jene primär durch die Arbeitsplatzsituation und durch die gesellschaftliche Gesamtsituation des Arbeiters bedingten Konflikte zum inhaltlichen Ansatzpunkt, gewerkschaftliche Vertrauensleute, Bildungsobleute und informelle Basisgruppen zur organisatorischen Basis. Eine solche Bildungsarbeit, die bewußt von ihren Adressaten ausgeht und die Arbeiter als selbständige *Subjekte* in Lernprozessen begreift, setzt freilich nicht nur kritische Analysen über die konkreten Konflikt- und Krisenerfahrungen der Arbeiter voraus; vielmehr ist gleichzeitig jener tiefere, in der bisherigen politischen Bildung kaum berücksichtigte Zusammenhang sichtbar zu machen, der die sprachlichen Grundstrukturen des Denkens und Verhaltens als formale Bedingungen des Selbst- und Wirklichkeitsverständnisses bezeichnet.

In zahlreichen Untersuchungen ist nachgewiesen worden, daß die Sprache ebenso den gesamten Aufbau der Person, die klassenspezifischen Formen der Organisation ihrer Erfahrungen und Vorstellungsinhalte, in Beziehung auf das Bewußtsein der Arbeiter also: die politischen Einstellungen, das Gesellschaftsbild, die Interpretation der Interessen und Bedürfnisse, ja sogar die Zeitvorstellungen vermittelt, wie das Lernen und Verhalten reguliert.[1] Diese sprachsoziologischen Analysen haben Bildungsbarrieren aufgedeckt, die den vorausgehenden Stadien der Arbeiterbildung weitgehend unbekannt waren; sie haben – das muß, um Mißverständnisse zu vermeiden, von vornherein betont werden – *unmittelbar* nichts mit einer ungleichen Verteilung des Begabtenpotentials auf die verschiedenen Klassen und Schichten zu tun.[2]

Diese für die Arbeiterbildung neue Situation entspringt jedoch nicht nur dem fortgeschritteneren Stand der empirischen Sozialforschung und der Sprachsoziologie, sondern ist gleichzeitig durch veränderte objektive Verhältnisse der Gesellschaft bedingt. Die seit den Anfängen der Arbeiterbildung bekannte Tatsache einer sprachlich bedingten Lernbarriere konnte mit dem Hinweis auf den Ausschluß der Arbeiter von gründlicher Elementarbildung und von der bürgerlichen Kultur erklärt und durch die Gewißheit einer historischen Überlegenheit der *Bildungsinhalte* des proletarischen Klassenbewußtseins neutralisiert werden; und nicht nur das: die formalen Mängel der Arbeitersprache selber konnte man in eine politische Waffe gegen die Klassensprache der »Gebildeten« umwenden und dadurch zu einem Bildungsmotiv machen.

Argumente und Erklärungen dieser Art haben heute ihre Überzeugungskraft verloren. Die Hebung des Grundschulniveaus und der leichtere Zugang zur »bürgerlichen Kultur« sind nicht imstande gewesen, die Sprachbarrieren der Arbeiter aufzuheben. Auch wenn die grundlegenden Mechanismen des Wahrnehmens, Denkens und Sprechens als Formen klassenbedingter Sozialisation von denjenigen der Frühphase der Arbeiterbildung nicht wesentlich verschieden sein sollten – was sich empirisch aber nur schwer nachweisen läßt –, so haben sie heute doch eine wesentlich größere Bedeutung; denn die in offenen sozialrevolutionären Situationen derartigen Sprachbarrieren entgegenwirkenden, sie teilweise neutralisierenden Ursachen fehlen im allgemeinen in den industriell fortgeschritteneren Ländern des Spätkapitalismus.

Über die sprachlichen Formen des historischen und gesellschaftlichen Selbstverständnisses der Arbeiterschaft in der spätkapitalistischen Industriegesellschaft gibt es keine geschlossenen Analysen, die gleichzeitig sprachsoziologischen und sozialgeschichtlichen Anforderungen genügten.[3] Der im folgenden unternommene Versuch, die Voraussetzungen und Resultate der Bildungsprozesse unter dem Aspekt der *sprachlichen* Bedingungen des Realitätsverständnisses zu analysieren, ist daher darauf angewiesen, verstreutes Material aufzuarbeiten und an theoretische Ansätze anzuknüpfen, die nicht in den spezifischen Zusammenhängen der Arbeiterbildung entwickelt wurden.

Dabei ist zunächst dem häufig gemachten Einwand zu begegnen, daß die sprachbedingten Lernbarrieren vom Grad der Intelligenz und vom Bildungsniveau des einzelnen Arbeiters abhängen. In einem begrenzten Ausmaß trifft das durchaus zu. Unterschiedliche Ergebnisse von verbalen und nicht-verbalen Tests bei Arbeiterkindern, die den zweiten Bildungsweg absolvierten, weisen jedoch darauf hin, daß mit dem Grad der Intelligenz lediglich die Möglichkeit der Kompensierung der Sprachbarriere zunimmt, während die Sprache selber, etwa im Vergleich zu den sprachlichen Voraussetzungen bei ähnlich begabten Kindern aus den bürgerlichen Mittelschichten, nach wie vor den Bildungsprozeß behindert.[4] Es geht hier also um Sprachstrukturen und verbale Ausdrucksmittel, die, weil sie wesentlich auf frühkindlichen Internalisierungsprozessen unter den Existenzbedingungen von Arbeiterfamilien beruhen, mehr oder weniger der Arbeiterklasse als Ganzer zukommen.

1. Die Funktion der sozialen Topik

Zunächst kann festgestellt werden, daß der Mangel verbaler Differenzierung des Selbst- und Wirklichkeitsverständnisses und die geringe Fähigkeit, den Ursprungssinn eines Wortes durch definitorische Festlegungen zu modifizieren – eine Fähigkeit, die dem analytischen Denken eine gewisse »Verfremdung« und Manipulation sprachlicher Mittel bis hin zur Konstruktion von Kunstsprachen und Zeichensystemen gestattet –, den Arbeiter in eine Befangenheit und Abhängigkeit vom sprachlichen Ausdruck zwingen, die im Maß der Entfernung seines Denkens von der unmittelbaren Erfahrungswelt des Arbeitsplatzes zunimmt.

Wenn nämlich die kompakte Formulierung, die eine Meinung durch die »unauflösliche Verbindung von individueller Anschauung und typisierender Sprache«[5] zum Ausdruck bringen soll, den gemeinten Gegenstand nicht auf Anhieb trifft, so greift der Sprechende in der Regel entweder auf Analogien zur unmittelbaren Erfahrung zurück oder auf den vorgegebenen, relativ festen Bestand an umgangssprachlichen Kristallisationsprodukten, die in Gestalt von Stereotypen, handlichen Formeln und beziehungsreichen Bildern meist kollektive Erfahrung repräsentieren, mit denen sich der einzelne Arbeiter leicht solidarisieren kann.

Die Verwendung sozialer Deutungsmodelle (wie zum Beispiel das Stereotyp: »die da oben« – »wir hier unten«; die feststehenden Formeln über die Zwiespältigkeit des technischen Fortschritts; soziale Bilder und Analogien über Macht und Herrschaft, über die Rolle der Persönlichkeit in der Geschichte und so weiter), die dem einzelnen verfügbar sind und die Auswahl wie die Erklärung der Tatsachen bestimmen, ist keineswegs auf die Arbeiterschaft beschränkt;[6] gleichwohl kommt die Struktur ihrer Sprache dem Gebrauch von Stereotypenmodellen in besonderem Maße entgegen. Diese erfüllen dabei eine doppelte Funktion: eine psychologische und eine kognitive. Zum einen schaffen diese Stereotypenmodelle individuelle Bestätigungsmöglichkeiten; zum anderen tragen sie zu einer sozialgeschichtlich bedingten Gruppensolidarität, die im Bewußtsein der kollektiven Leistung und des gemeinsamen Schicksals zum Ausdruck kommt, und zur Erschließung der Wirklichkeit durch eine ordnende Selektion der Wahrnehmungen und Informationen bei.

Die im Begriff der »sozialen Topik«[7] zusammengefaßten sprachlich verfestigten, von der individuellen Erfahrung, ja von Alter, besonderer Berufsqualifikation usw. (relativ) unabhängigen Gebilde, die weder bloße Vorurteile und zufällige Meinungen noch Resultate wissenschaftlicher Einsichten sind, haben für den im Medium der »öffentlichen Sprache«[8] Denkenden eine zentrale Bedeutung, weil ein wichtiger Teil der rationalen Bewältigung der komplizierten ökonomischen und politischen Vorgänge durch sie vermittelt ist.

Daß ihr Stellenwert in Bildungsprozessen bisher kaum berücksichtigt wurde, obwohl die »Topik als Gesamtbestand, das Universum der Topoi, ... allen Arbeitern – dem einen mehr, dem anderen weniger – zugänglich und verfügbar (ist)«,[9] ist eine der Ursachen dafür, daß die Arbeiterbildung konkrete Ansätze bisher kaum entwickelt hat; denn ein großer Teil der Informationsverarbeitung ist durch derartige Deutungsmodelle vermittelt. Wenn auch einzelne Gruppen innerhalb der Arbeiterklasse ihre Deutungsmodelle aus ihnen fremden sozialen Bereichen beziehen, so zum Beispiel die von Andrieux und Lignon beschriebene Gruppe der »Evasionisten«, deren soziales Selbstverständnis an Topoi aus der Sphäre des Kleinhandels und der Landwirtschaft orientiert ist,[10] so ist im allgemeinen doch der Vorrat an Topoi, die einen realen sozialen Gehalt haben, auf die kollektiven Erfahrungen der *eigenen* Gruppe und Klasse gegründet. Sie sind nicht »beliebig in der Weise, daß jeder jeden Topos gebrauchen könnte. Vielmehr bedienen sich die verschiedenen sozialen Gruppen – zum Teil wenigstens – sehr verschiedener Topoi. Die Angestellten eines Großunternehmens verwenden bereits in entscheidenden Punkten eine andere Topik als die Arbeiter desselben Werkes. Ganz zu schweigen von einer von den Arbeitern so verschiedenen Gruppe wie etwa den kleinbürgerlichen Einzelhändlern.«[11]

Die Topoi dienen in dem Maß der gesellschaftlichen Orientierung der Individuen, wie ihr sozialer Gehalt Ausdruck der geschichtlichen Erfahrungen und der objektiven Lebensbedingungen der betreffenden Gruppen ist. Wenn sich die Arbeiterbildung in Zukunft immer mehr auch auf die wachsende Schicht der Angestellten einstellen muß, dann darf die gebräuchliche, statistisch möglicherweise sinnvolle Kategorie der »Arbeitnehmer«, in der sich die gewerkschaftlich organisierten Arbeiter, Beamten und Angestellten im Hinblick auf vorwiegend ökonomische und sozialpolitische Interessen zusammenfassen lassen, nicht darüber hinwegtäuschen, daß bereits die verschiedene soziale Topik dieser Gruppen, ganz zu schweigen von deren konkreten Politisierungsbedingungen, eine Differenzierung ihrer Bildungsprozesse erfordert. Da es sich meist um traditionell überlieferte und verdinglichte Deutungsmodelle handelt, müßte eine kritische Bildungsarbeit darin bestehen, durch soziologische Lernprozesse neu auftretende Widersprüche zwischen dem sozialen Selbstverständnis des einzelnen, den *existierenden* Formen des Klassenbewußtseins und den veränderten Existenzbedingungen bewußt zu machen und auf eine sozialrevolutionäre Praxis hin zu orientieren.

Die auf das Niveau vorwissenschaftlicher sozialer Stereotypen, geläufiger Denkschemata und Standardversionen herabgesunkenen sozialistischen und marxistischen Vorstellungen, in deren Medium die Arbeiter ihr Schicksal deuten und ihre Konflikte subjektiv verständlich machen, haben in der Arbeiterbildung jedoch eine zwiespältige Funktion:

1. Ihre Bedeutung als mögliche Verstärker in Bildungsprozessen ist in der gewerkschaftlichen Bildungsarbeit bisher überhaupt noch nicht gesehen worden. Der Mangel an individueller sprachlicher Differenzierung und die Bindung von Gefühlen, Hoffnungen und Erwartungen an soziale Symbole, die Ausdruck des geschichtlichen Kampfes der Arbeiterbewegung sind, haben eine Art *sprachbedingten Konservatismus* der Arbeiter zu Folge, der Schutz gegen die Integration in eine Ideologie egalitärer Konsumenten bietet.

Sowohl der marxistisch gebildete Arbeiter als Meinungsträger im Betrieb, der erst heute wieder, nachdem die zur materiellen Gewalt gewordene antikommunistische Ideologie der Nachkriegsperiode zu zerbrechen beginnt, an Bedeutung gewinnt, wie auch die Angemessenheit der überlieferten Topoi der Arbeiterbewegung an die objektive Situation des Arbeiters haben auf verschiedenen Ebenen mit dazu beigetragen, daß die propagierten Ideologien von Partnerschaft und Klassengleichgewicht – auch wenn sie sich bei einer aktiven Minderheit der organisierten Arbeiterschaft als Gesellschaftsbild der progressiven Ordnung festsetzen konnten – eine soziale Selbsteinschätzung der Arbeiter, in der Vorstellungen über die Mehrwertproduktion (mit Recht häufig als Mehrwertmentalität bezeichnet), Arbeitslosigkeit, die Fragwürdigkeit des technischen Fortschritts unter gegebenen Verhältnissen, die Übermacht des Kapitals usw. nach wie vor eine wichtige Rolle spielen, bisher nicht aufzulösen und zu ersetzen vermochten.

Dabei haben diese Begriffe oft jedoch ihren spezifisch ökonomischen Sinn verloren; sie absorbieren Bedürfnisse, Hoffnungen und Befürchtungen des einzelnen, die im Wirtschaftlichen nach wie vor ihren Grund haben mögen, vor allem aber das tiefe »Unbehagen« der Arbeiter in einer Gesellschaft bezeichnen, die auf klassenbedingten Privilegienstrukturen beruht. So vermögen weder aufwendige Beweisführungen der akademischen Volkswirtschaftslehre noch demagogische Selbstbestätigungen der nationalen Leistungsfähigkeit die Arbeitslosigkeit als Tatbestand plausibel zu machen, der geschichtlich endgültig überholt ist; selbst die unmittelbare Anschauung längerer Perioden der Vollbeschäftigung hat den sozialen Topos der Arbeitslosigkeit aus dem Bewußtsein der Arbeiter keineswegs verdrängen können. In ihm sind allgemeine Unsicherheitsgefühle, Möglichkeiten des Arbeitsplatzwechsels, geringes Vertrauen in die Stabilität der gesellschaftlichen Verhältnisse aufs engste mit der ökonomischen Tatsache der Beschäftigungslosigkeit verbunden, die als Resultat der technischen Entwicklung und der strukturellen Krisen des kapitalistischen Wirtschaftssystems gesehen wird. Die bemerkenswerte Stabilität dieses Topos, der bezeichnenderweise keineswegs nur für die vom Elend der Massenarbeitslosigkeit der 1930er Jahre Betroffenen plastische Realität besitzt, zeugt von einer hohen *soziologischen Sensibilität* der Arbeiter für gesellschaftliche Veränderungen, die ihre unmittelbaren Interessen und ihre tatsächliche Stellung in der Gesellschaft berühren.

Burkart Lutz spricht in diesem Zusammenhang die Vermutung aus, daß das reale Fundament für diese tief wurzelnde Furcht vor Existenzunsicherheit in der Bundesrepublik darin bestehe, daß die durch Automation freigesetzten, an sich überschüssigen Arbeitskräfte in der gegenwärtigen Situation der Vollbeschäftigung nur gehortet, bei einem Rückgang der Konjunktur aber entlassen würden.[12] Diese Vermutung ist durch den Hinweis auf statistisches Material sicherlich leicht zu widerlegen; denn es gibt im Augenblick keine Arbeitslosigkeit größeren Ausmaßes in Westdeutschland. Aber eine solche Argumentationsweise sieht von den geschichtlichen Erfahrungen und Entwicklungstendenzen der Länder des Weltkapitalismus (vor allem der Vereinigten Staaten von Amerika) ab.

Für die Arbeiterbildung entsteht damit das Problem, wie die im Topos der Arbeitslosigkeit und in ähnlichen Begriffen sprachlich verdichteten und formelhaft zusammengezogenenen sozialpsychologischen, soziologischen und ökonomischen Erscheinungen, die gerade in dieser komplexen und praktischen Bedeutung von den quantitativ generalisierenden Formeln und Definitionen der akademischen Sozialwissenschaften nicht erfaßt werden, in den konkreten Bildungsprozeß einbezogen und in gesamtgesellschaftlichen Krisenzusammenhängen interpretiert werden können. Werden nämlich diese Topoi einfach mit isolierten Tatsachen konfrontiert und als Vorurteile, ideologische Ablagerungen oder Wunschvorstellungen aufgelöst, ohne daß ihr rationeller Erfahrungskern in weiterführende Bewußtseinsbildung eingeht, so werden die Arbeiter eines wichtigen Mittels ihrer sozialen Orientierung und ihrer Informationsverarbeitung beraubt. Ihnen bleibt dann nur der Ausweg der Anpassung, der widerstandslosen Identifikation mit einer Gesellschaft, die ihre privaten Bedürfnisse nur durch Unterdrückung ihrer solidarischen und sozialen befriedigen kann.

2. Der sprachbedingte Konservatismus der Arbeiter, der ihnen einen gewissen Schutz gegen die Integration in das bestehende Herrschaftssystem gewährt, solange er auf den kollektiven Erfahrungen der Arbeiterbewegung und auf der ihr entsprechenden sozialen Topik beruht, enthält gleichzeitig jedoch ein Element, das der Verdinglichung des Denkens entgegenkommt und das Bewußtsein der eigenen Interessenlage blockiert. Gerade weil das Denken der Arbeiter so sehr an Topoi gebunden ist, besteht die Möglichkeit, daß

»Idole«, Warenfetische der spätkapitalistischen Klassengesellschaft ihre Funktion übernehmen – es sei denn, soziologische Interpretationen vermittelten jene über ihre unmittelbare Erfahrungswelt hinausgehenden Zusammenhänge, die in der traditionellen Arbeiterbewegung von der Marxschen Theorie oder von ihnen weltanschaulich vereinfachten Gestalten im Interesse des einzelnen gedeutet wurden.

Denn nirgendwo findet man »so viel aus den anderen sozialen Sphären stammende sprachliche Formen wie in den politischen Aussagen. Hier nämlich, beim Nachdenken über Gegenstände, die größtenteils jenseits des Bereichs der unmittelbaren Erfahrung liegen ... ist der Arbeiter auf die sprachlichen Ausformungen der öffentlichen Kommunikationsmittel angewiesen, die nicht von seinesgleichen und nur selten für ihn gemacht sind.«[13] Wir wissen heute zwar, daß der manipulative Einfluß der Massenkommunikationsmittel seine klar bestimmbaren Grenzen hat. Wir wissen aber auch, daß er in dem Maß wächst, wie sich traditionelle Lebensregeln des Arbeiters und seine ihm verständliche Klassenkultur durch die universalisierte Kulturindustrie auflösen;[14] der Klassenkampf durch langwierige Latenzperioden seine sinnliche Plausibilität zu verlieren droht; die soziologische Strukturierung der Situation des Arbeiters nicht »von seinesgleichen« und nicht »für ihn« erfolgt; seine von der Gesellschaft unterdrückten Bedürfnisse durch Ersatzbefriedigungen kompensiert werden.

Entsprechend der diffenzierten Bestimmung der sozialen Konfliktbereiche, dem materialen Ausgangspunkt einer Theorie der Arbeiterbildung, hat die Analyse des Motivationsgefüges, vor allem der Motive der Leistung, des Lernens wie der formalen sprachlichen Ausdrucksmittel jene grundlegenden Mechanismen sichtbar zu machen, die die Gesamtsituation des Arbeiters konstituieren. Eine von den Konflikterfahrungen der Arbeitssituation ausgehene politische Bildung muß demzufolge, um wirklich konkret sein zu können, auf die Prozesse der klassenspezifischen Internalisierung gesellschaftlicher Normen in Arbeiterfamilien zurückgehen.

Es ist nicht zu erwarten, daß die Verwissenschaftlichung der gesellschaftlichen Arbeitsprozesse, die damit verbundene »Intellektualisierung« der Arbeit und die differenzierte Requalifizierung der Arbeitsformen (die ohnehin nur für begrenzte Bereiche der Hochmechanisierung und der Automation gilt[15]) den Mangel an Bildungsmotiven ausgleichen könnte, der in der Erziehung der Arbeiterfamilien und der Schule, also in der gegebenen Klassengesellschaft, begründet ist. Die in Familie, Schule und sozialer Umwelt entstandenen Aufnahmestrukturen als Motivationsbedingungen, die in Lernprozessen richtungweisende, verstärkende und selektive Funktionen haben, entscheiden wesentlich über die Anfälligkeit und Widerstandskraft des einzelnen gegenüber den Inhalten der Massenkommunikationsmittel.[16] Indem ausschließlich oder doch überwiegend der Einfluß »geheimer Verführer« für die Integration des Arbeiters in die bestehende Gesellschaft verantwortlich gemacht wird, wird das Aufklärungsinteresse auf abgeleitete Phänomene verschoben, welche die zugrunde liegenden Antagonismen, die die Entfremdung auch des Arbeiters bestimmen, verdecken. Wie neuere Untersuchungen zeigen, sind selbst bei Jugendlichen »die von Massenmedien ausgehenden Einflüsse auf Haltungen und auf die Ausbildung von Vorbildern geringer als im allgemeinen angenommen wird, so daß etwa der Kinobesuch in großem Umfang der Entspannung, Ablenkung und erholsamen Rekreation dient.«[17]

2. Schichtenspezifische Lernprozesse

Der von der Familiensoziologie seit langem konstatierte und häufig beklagte Schwund der familiären Erziehungsfunktionen hat in gewissem Umfang die Bedeutung der »pädagogischen Spezialinstanzen«, der Schule und Berufsausbildung, vor allem aber die der unreflektierten funktionalen Erziehung in den verschiedenen gesellschaftlichen Bereichen, erhöht, ohne jedoch zu einem totalen Abbau der familiären Erziehung zu führen; »... eine ganz fundamentale Schicht pädagogischer Wirksamkeit bleibt in der Familie.«[18] Aber die Familie läßt sich nicht als eine »neutrale« Vermittlungsinstanz zwischen Gesellschaft und Individuum begreifen. Zahlreiche Untersuchungen ergeben neben Unterschieden im Erziehungsklima, »in den Aufzucht- und Erziehungspraktiken, angefangen von der Behandlung des Kleinkindes bis zu den Formen der Bestrafung und Belohnung von Jugendlichen, für Mittel- und Unterschichten verschiedene Lernmuster; Arbeiterkinder werden strenger und äußerlicher erzogen, weniger zum Aufschub unmittelbarer Befriedigungen, weniger zur Unabhängigkeit und Ichstärke angeleitet als die Kinder ›bürgerlicher Herkunft‹«,[19] deren Sozialisation duch die *Verinnerlichung* der vorherrschenden Werte und Normen, durch Anreize zu hohen Leistungen, durch Anleitung zu Nachdenken und Selbstkontrolle bestimmt ist. Es liegt auf der Hand, daß eine solche klassenspezifische Sozialisationspraxis weitreichende Folgen für den intentionalen Erziehungsprozeß hat. »Erst- und Zweitpädagogik senken uns ihre Maßstäbe ein, kanalisieren unser Vordergrundverhalten und laden durch ihre laufenden Versagungen unseren seelischen Hintergrund mit komprimierten Spannungen auf.«[20]

Weitgehend wird bereits in der Arbeiterfamilie, in der im übrigen durchaus auf Grund realistischer Einschätzungen der geringen Aufstiegschancen meist ein bildungsindifferentes Klima besteht, über Anspruchsniveau und Bildungsinteressen, über Lernmotive für eine selbständige Weiterbildung und über das allgemeine Verhältnis zur Bildung entschieden. Die bereits in der Arbeiterfamilie erworbenen skeptischen Argumente gegen den praktischen Wert der Bildung, die in der bürgerlichen Ideologie im allgemeinen mit Erfolg und Aufstieg gekoppelt ist, können durch die Erfahrung des Arbeiterschicksals, dessen Unabänderlichkeit meist zwischen dem 25. und 35. Lebensjahr, in streng hierarchisch gegliederten Betrieben noch früher, eingestanden wird (also auch durch zusätzliche Bildung nicht mehr überwindbar erscheint), nur mehr ihre absolute Gewißheit erlangen. Das Erziehungsklima in der Familie wirkt sich noch auf die Einstellung zur Gewerkschaft und zur Arbeiterbewegung aus. Man hat festgestellt, daß nicht der Beruf des Vaters Einfluß auf den Rang der Gewerkschaftsfunktionäre und die Solidaritätsverpflichtungen gegenüber den Arbeiterorganisationen hat, sondern in stärkerem Maß das gewerkschaftsfreundliche Erziehungsklima der Arbeiterfamilie. »Je höher der Rang innerhalb der gewerkschaftlichen Hierarchie ist, desto häufiger sind die Funktionäre bereits in ihrer Familie in die gewerkschaftliche Subkultur hineingewachsen.«[21]

Allgemein läßt sich feststellen, daß der die Lernmotivation in der Erwachsenenbildung maßgeblich bestimmende Zusammenhang zwischen Gesellschaftsbild und Bildungsvorstellungen[22] in den klassenspezifischen Internalisierungsprozessen der Familie begründet ist. Bereits hier wird der Bildung eine extrafunktionale, den beruflichen Erfahrungsbereich kaum erweiternde Bedeutung zugeschrieben; sie erhält Prädikate, die für den Arbeiter bestenfalls im Hinblick auf einen möglichen Aufstieg in der Gewerkschaft realistisch erscheinen: »Reichtum«, Prestige und Selbstbewußtsein. Analysen der Bildungsinteressen der Arbeiter führen zu dem Ergebnis, »daß man die ›Theorie‹ nicht wegen eines mangelhaft ausgebildeten Abstraktionsvermögens oder einer mangelhaften Anschaulichkeit der pädagogischen Methode ablehnt, sondern weil man sich über ihre praktische Funktion nicht klar ist, vor allem ihr außer einem vagen, prestigefördernden Effekt keinerlei qualifizierende Auswirkungen zuschreibt.«[23]

In der geringen Einschätzung des pragmatischen Wertes der »Theorie« kommen in der Tat zwei für die Arbeiterbildung wichtige Tatbestände zum Ausdruck: einmal die Erfahrung, daß der objektive, kollektive Ausschluß der Arbeiterschaft von den weiterführenden, höheren Bildungsinstitutionen der bürgerlichen Gesellschaft durch individuellen Aufstieg nur mit unerträglich hohen physischen und psychischen Lebenskosten oder überhaupt nicht zu durchbrechen ist; zum anderen das Eingeständnis, daß Bildung keinen Sinn hat, wenn sie nicht zu einer Privilegierung führt, die mit ihr – und heute mehr denn je – im Normensystem der bestehenden Klassengesellschaft verbunden ist. Hinzu kommt, daß die »Theorie« im Bewußtsein der Arbeiter den geschichtlich emanzipativen und damit praktischen Charakter verloren hat, der die traditionellen Theorien der Arbeiterbewegung auszeichnete. Die Arbeiter denken daher nur konsequent, wenn ihnen eine Theorie, die in den durch die Arbeiterbildung vermittelten Formen weder zum individuellen Aufstieg in der bestehenden Gesellschaft noch zur sozialgeschichtlichen und soziologischen Interpretation ihrer Situation wie zur praktischen Aufhebung ihrer entfremdeten Existenzbedingungen beizutragen vermag, als in jeder Hinsicht nutzlos erscheint.

Die Chancen für eine Selbstbildung der Arbeiter, die sich weder am kollektiven Schicksal der Arbeiterklasse orientiert noch durch die historische Notwendigkeit seiner Aufhebung motiviert ist, sondern perspektivlos »zweckfreie« oder unmittelbar pragmatische Beweggründe hat, sind unter gegenwärtigen gesellschaftlichen Bedingungen äußerst gering. Wenn heute demgegenüber das fast legendär gewordene Bildungsinteresse des Arbeiter-Autodidakten der traditionellen Arbeiterbewegung, in der sich gewerkschaftliche und sozialistische Erziehung von der berufsorientierten Elementarbildung noch schwer trennen lassen, so häufig beschworen wird, so haben derart abstrakte Vergleiche sehr verschiedener historischer Verhältnisse meist nur den Zweck, die Unabänderlichkeit des gegebenen Bewußtseinsstandes der Arbeiter zu legitimieren; immerhin stellt sich in diesem Zusammenhang die Frage, ob nicht die seit je der Arbeiterklasse eigentümlichen, durch die Familie als dem »learning environment« (A. Davis) vermittelten und reproduzierten Bildungsbarrieren überhaupt erst auf der gegenwärtigen Entwicklungsstufe der gesellschaftlichen Produktivkräfte, auf einem gehobenen Niveau der schulischen Elementarbildung, des reichhaltigeren Informationsangebots und anderes mehr, aber der im wesentlichen gleichgebliebenen geringen Chancen des kollektiven und individuellen Aufstiegs, voll wirksam geworden sind? Denn in vielfacher Hinsicht kann man davon sprechen, daß der Arbeiter heute »gebildeter« ist und mehr Voraussetzungen für eine soziologische und praktische Bildung hat als der Arbeiter-Autodidakt der Jahrhundertwende.

Die klassenspezifischen frühkindlichen Lernmuster können in der Praxis kollektiver Kampfsituationen zweifellos korrigiert und durch kollektive Interessen neutralisiert werden. Wo bei isolierten sprachsoziologischen oder entwicklungspsychologischen Untersuchungen die Bedeutung der Interessen für das tatsächliche Verhalten der Arbeiter übersehen wurde, blieb ein unaufgeklärter Widerspruch zwischen der im Zusammenhang der Sozialisation und der Erziehung festgestellten Anfälligkeit der Arbeiterkinder für autoritäres Verhalten, Konformismus, prozeßloses Denken und dem tatsächlichen, geschichtlichen Verhalten der Arbeiterklasse.[24] Trotzdem sind die den frühkindlichen Lernmustern zugrunde liegenden Mechanismen wirksam, solange es überhaupt Klassengesellschaften gibt.

Wenn hier mit Nachdruck die Funktion der sozialen Topoi für das Weltverständnis der Arbeiter betont und der Aufbau der Motivationsstruktur, die die Lernbereitschaft bestimmt, auf Erziehungsprozesse in der Familie zurückgeführt wird, so geschieht das in der Absicht, unkontrolliert wirksame Lernbarrieren zunächst einmal sichtbar zu machen und entgegenwirkende Ursachen zu bestimmen. Daß sie in der Tat alle über bloße soziale Interaktionen hinausgehenden Lernsituationen, die kurzfristigen Wochenendlehrgänge ebenso wie die Internatslehrgänge auf den Gewerkschaftsschulen, entscheidend beeinflussen, soll im folgenden durch eine Konfrontation der Arbeitersprache und derjenigen Sprachebene gezeigt werden, in deren Medium die Erziehungsinhalte interpretiert und vermittelt werden müssen.

3. Die Dialektik von formaler Wissenschaftssprache und praktischem Bewußtsein

Solange die Kritik der politischen Ökonomie und die materialistische Geschichtsauffassung als den Klassenkampf wissenschaftlich begründende Theorien der politischen Erziehung der Arbeiter zugrunde lagen (wenn sie auch zu keiner Zeit deren ausschließlicher Inhalt waren), stellte sich die Vermittlung zwischen Wissenschaftssprache und Sprache des praktisch-emanzipativen Bewußtseins zwangsläufig bereits in Kategorien wie Mehrwert, Kapital, Lohnarbeit, »industrieller Reservearmee« (Arbeitslosigkeit) her; sie waren zugleich wissenschaftlich begründete und praktisch-politische Begiffe. Die Umsetzung wissenschaftlicher Informationen in das vorgegebene praktische Selbstverständnis der Arbeiter konnte als ein didaktisches und technisch-organisatorisches Problem angesehen werden.

Heute steht die Arbeiterbildung dagegen vor einer doppelten Schwierigkeit: die akademischen Disziplinen, die praktisch verwertbare wissenschaftliche Informationen liefern, haben den Marxschen Anspruch der Emanzipation des Menschen aufgegeben; sie haben gleichzeitig die historische Dimension der »objektiven Möglichkeit« als wissenschaftsfremd ausgeschieden und in den Bereich utopischer Konstruktionen verbannt. Sie bedienen sich einer formalen, analytischen Sprache, die einer unmittelbaren Umsetzung in den traditionalen Verstehens- und Handlungshorizont der Arbeiter nicht fähig ist. Die Folge ist, daß sich in der gewerkschaftlichen Bildungsarbeit »Allgemeinbildung«, welchen die emanzipativen Inhalte der Arbeiterbildung in sich aufnimmt, und praktisch verwertbare »Zweckbildung« trennen.

Die der arbeitsteiligen Aufspaltung von humanistischer und beruflicher Bildung entsprechende Zweiteilung der gewerkschaftlichen Bildungsarbeit in »Allgemeinbildung« und »Zweckschulung«, die das fachwissenschaftliche Organisationswissen von der wissenschaftsfreien »Gesinnungsschulung« abtrennt, ist nicht mit einem Schlag aufzuhebeln. Langwierige Bildungsprozesse und organisierte Kampferfahrungen sind nötig, um in historisch-kritischer Reflexion auch nur das Bewußtsein dieser Verdinglichung zu gewinnen. Denn es geht um die schwierige Aufgabe, den unter bestehenden Verhältnissen unabwendbaren Konflikt zwischen der formal-analytischen Lernsituation und dem praktischen Bewußtsein einerseits, zwischen dem emanzipativen, organisatorisch vermittelten Selbstverständnis der Arbeiterschaft und den auf technische Verwertbarkeit reduzierten bürgerlichen Wissenschaften andererseits in einen produktiven Widerspruch der wechselseitigen Aufklärung zu verwandeln. Nur so können die aus der Marxschen Theorie als arbeitsteilig getrennte Zerfallsprodukte ausgeschiedenen Lehrfächer, wie Geschichte der Arbeiterbewegung, politische Ideengeschichte, Zeitgeschichte, Industriesoziologie, Volkswirtschaft usw., für das praktische Handeln der Arbeiter zurückgewonnen werden. Im übrigen besteht die Schwierigkeit einer Erneuerung der Marxschen Gesellschaftstheorie *als* Revolutionstheorie gerade darin, daß sie durch das ausgebreitete Erkenntnismaterial und durch die Reflexionsstufe der empirisch-analytischen Einzelwissenschaften vermittelt sein muß; denn deren abstrakte Negation läßt den kritischen Gehalt einer dialektischen Theorie der Gesellschaft nicht unberührt.

In der gewerkschaftlichen Bildungsarbeit zeigt sich heute die Tendenz, diese strukturellen Konflikte durch ein bewußtloses Nebeneinander von bürgerlichen Wissenschaften und Geschichte der Arbeiterbewegung, in der die emanzipativen Inhalte des Befreiungskampfes der Arbeiterorganisationen dargestellt werden, aufzulösen. Die funktionalistischen Modelle der Volkswirtschaftslehre, der Betriebswirtschaft, des Arbeitsrechts und der politischen Wissenschaft werden, ohne Rücksicht auf deren beschränkte erkenntnisleitende Interessen, dem Unterricht zugrunde gelegt; sie dienen der Demonstration von Zusammenhängen, die durch diese Wissenschaften schon auf einen bestimmten Erfahrungsbereich und auf die bestehende Gesellschaft eingegrenzt sind.

Auswege aus den Schwierigkeiten einer Übersetzung der formalen Wissenschaftssprache in die Sprache des praktischen Bewußtseins werden in zusätzlichen Formalisierungen gesucht, die als Vereinfachungen mißverstanden werden. Um sich nämlich den Arbeitern, die im allgemeinen sehr genau wissen, daß formale Bestimmungen der Gewaltenteilung, des geltenden Rechtssystems und des Lohn-

Preis-Mechanismus nicht ausreichen, ihre eigenen unmittelbaren Erfahrungen mit der bürgerlich-kapitalistischen Gesellschaft zu interpretieren, überhaupt verständlich machen zu können, nehmen die Lehrer und Referenten der Arbeiterbildungskurse Vereinfachungen vor, die den dargestellten Zusammenhang auf ein abstraktes Schema, auf Tabellen und Klassifikationen bringen.

In Wirklichkeit erweist sich jede Schematisierung von Zusammenhängen, die nicht nur Gedächtnisstütze für eindeutig verbalisiert und im Medium der praktischen Sprache bereits verstandene Informationsgehalte ist, sondern die Funktion eines Instruments der Stoffbewältigung übernimmt, als unüberwindbare Barriere des Lernens und Verstehens. Die ohnehin auf technisch-praktische Verwertbarkeit begrenzten bürgerlichen Erfahrungswissenschaften können im Sinn der Zielsetzungen der Arbeiterbewegung nur pragmatisiert werden, wenn der einseitig zwingende Charakter der formalen Lernsituation in nüchtern informierenden Lehrvorträgen und in wechselseitig aufklärenden Gesprächen zwischen Lehrern und erwachsenen Schülern aufgehoben ist. Denn die verbalisierten Gehalte der praktischen Erfahrungswelt des Arbeiters sind nicht einfach als wissenschaftlich unangemessen zu eliminieren oder zu unterdrükken, sondern in die bürgerlichen Erfahrungswissenschaften aufzunehmen, deren Erkenntnisinteresse wesentlich auf Naturbeherrschung und auf die Funktionsbedingungen gesellschaftlicher Produktionsprozesse beschränkt ist.

Ohne eine solche inhaltliche Vermittlung zwischen erfahrungswissenschaftlichen Informationen und praktischem Bewußsein bleibt die Arbeiterbildung auf eine äußerliche Koordination von neuen Informationen und traditionellen Vorstellungen des Arbeiters beschränkt, eine Koordination, die lediglich hemmenden Einfluß auf die politische Bewußtseinsbildung hat. Um den für die Arbeiterbildung zentralen Zusammenhang zwischen der formal-analytischen Sprache der Wissenschaften und der gegenständlichen praktischen Sprachebene des Arbeiters, der sich in jeder Lernsituation der gewerkschaftlichen Bildungsarbeit zeigt, auf die ihm zugrunde liegenden soziologischen und sozialpsycholgischen Untersuchungen. Der von Basil Bernstein, auf den neuere Untersuchungen über die Ausbildung schichtenspezifischer Sprachstrukturen zurückgehen, für analytische Zwecke gemachte Unterschied zwischen »formaler« und

»öffentlicher« Sprache soll dabei dem Nachweis dienen, daß eine auf den erhöhten Einsatz didaktischer gruppendynamischer Hilfsmittel beschränkte Intensivierung der Arbeiterbildung zwangsläufig auf Grenzen stößt, die nur aus den Widersprüchen der bestehenden Klassengesellschaft zu erklären sind.

Die von Bernstein »formal« genannte Sprache ist in ihrer Grundstruktur zugleich die Sprache der herrschenden Schichten, des offiziellen Schulsystems[25] und der Wissenschaften. Sie gestattet einen differenzierten Ausdruck von Beziehungen, Strukturen und Prozessen. Dagegen ist die »öffentliche« Sprache, auf deren Gebrauch die Angehörigen der Arbeiterklasse im wesentlichen angewiesen sind, in ihrer Begriffsbildung, Wortwahl und ihrem Satzbau durch einen Mangel an logischer Komplexität und differenzierter Objektivierung individueller Gefühle gekennzeichnet. »Die Kinder der Mittelschicht (sind) flexibler in der Satzstellung und (gebrauchen) mehr Satzgerüste und mehr Erweiterungen höherer Ordnung. Dieses Ergebnis weist deutlich auf die größere Rigidität der Satzplanung bei den Kindern der Unterschichten hin.«[26] Diese Mängel werden, wie sich bereits in der Behandlung der sozialen Topik zeigte, durch Maximierung der sozialen Solidarität, durch die Bindung der Gefühle an gesellschaftliche Redensarten und Etiketten, traditionelle Symbole und Sprachformeln ausgeglichen, sozialpsychologisch neutralisiert.

Im Unterschied zur formalen Sprache ist die öffentliche, deren sich natürlich auch die in der formalen Sprache Gebildeten bedienen können, in ihrer bevorzugten Verwendung von Substantiven, ihrer repetitiven Anwendung von Ausdrücken wie »so«, »und«, »dann«, »weil«, von idiomatischen Sätzen und expressiven Symbolen wesentlich auf die deskriptive Erfassung des Gehalts und der Grenzen der Objekte eingeschränkt (sensitivity to the content of objects).[27] Der funktional vollständige, aber strukturell unvollständige, grammatisch einfache Satz,[28] die typische Einheit der öffentlichen Sprache, kommt der Verdinglichung des Denkens entgegen und führt zu Ausdrucksschwierigkeiten selbst in der Beschreibung unmittelbar wahrnehmbarer Vorgänge – eine Schwierigkeit, die in dem Maß zunimmt, wie die dem Arbeiter unmittelbar erfaßbaren technischen Arbeitsabläufe komplexer werden und durch akkumulierte Erfahrung nicht mehr nach und nach verbalisiert werden können.

Der Mechanismus der implizierten Bedeutung ist nach Bernstein das wesentliche Unterscheidungsmerkmal der öffentlichen Sprache.[29] Er bewirkt, daß die sprachlich formulierten und geäußerten Meinungen, Vorstellungen und so weiter die Funktion der Bestätigung und Erweiterung der sozialen Kommunikation erfüllen, während die Bedeutung des individuellen Gemeinten, in dem sich häufig gerade die für das *Individuum* entscheidenden Erfahrungen gesellschaftlicher und individueller Konflikte niederschlagen können, sprachlich und damit auch begrifflich nicht erfaßt werden.

Was im vorigen Abschnitt im Zusammenhang der Konfliktbewältigung des Arbeiters gezeigt wurde, daß nämlich die der Gesamtsituation des Arbeiters entspringenden grundlegenden Konflikte von den individuellen Verarbeitungsprodukten dieser Konflikte nach den Normen und Regeln der bestehenden Klassengesellschaft verdeckt werden, wird auf der Ebene der sprachlichen Kommunikation des Arbeiters bestätigt; das sprachlich explizit gewordene Welt- und Selbstverständnis des Arbeiters verdeckt Erfahrungsgehalte, die intentionale Bildungsprozesse zugleich im Medium der öffentlichen und der formalen Sprache sichtbar zu machen und zu entfalten hätten. Eine auf Bewußtseinsbildung und Erziehung zu politischem Handeln gerichtete gewerkschaftliche Bildungsarbeit muß sowohl die durch die Klassenlage determinierten, sprachlich nicht qualifizierten Erfahrungsgehalte als auch die in den kollektiven Symbolen der Arbeiterschaft gebundene Gesellschaftskritik als Potential weiterführender Aufklärung aufnehmen und bewußt machen. Es ist nicht notwendig, den emanzipativen Inhalt der Bildung in Form der »Gesinnungsschulung« von außen an die Arbeiter heranzutragen, es kommt vielmehr darauf an, die nicht explizit gewordenen Erfahrungsgehalte und die in solidarischen Kommunikationen gebundenen Erfahrungen im Medium der formalen Sprache und der erfahrungswissenschaftlichen Erkenntnisse zu entfalten.

Die Entwicklung einer konkreten Dialektik von formaler Sprache und Sprache des praktischen Bewußtseins setzt freilich ebenso die strukturelle Veränderung der Erfahrungswissenschaften voraus; deren Erkenntnisse bedürfen, um ihren formal-analytischen und technologisch beschränkten Charakter zu verlieren und in gesellschaftliche Emanzipationsprozesse einbezogen werden zu können,[30] der Interpretation im Zusammenhang einer kritischen Theorie der Gesellschaft.

Dieser Zusammenhang betrifft nicht nur den Inhalt der Arbeiterbildung, sondern auch die pädagogische Situation der Lehrveranstaltungen. Protektive Mechanismen der öffentlichen Sprache, die den sozialen und psychischen status quo des Sprechenden durch die Betonung seiner Verbundenheit mit den Ansprüchen und Normen seiner Gruppe und Klasse zu bewahren gestatten, erweisen sich nämlich als unüberwindbare Schranken des unvermittelten, »unübersetzten« Verstehens anderer Formen des Sprachgebrauchs, vor allem derjenigen der formalen Sprache. Die ohnehin unter Zeitdruck stehenden Arbeiterbildungskurse fordern vom einzelnen in jedem Augenblick zwei verschiedene intellektuelle Leistungen, denen der einzelne nur selten gewachsen ist: zum einen die Deutung und Umsetzung des Wissensmaterials in der eigenen, dem Arbeiter einzig verfügbaren Sprache, zum anderen das Verstehen und Aneignen des wissenschaftlichen Sachverhalts, den der in der formalen Sprache Geübte ohne Sprachschwierigkeiten aufnehmen kann. Wo eine solche Übersetzung, die Teil des allgemeinen Problems der Informationsverarbeitung ist, mißlingt, kommt es zu einem auf zerfaserten, unverstandenen Informationen aufgebauten mechanischen Lernen, das durch Prüfungsängste und durch die Erwartung von schriftlichen Äußerungen nur noch bestärkt wird; wo sie von vornherein vergeblich versucht wird, hört die Kommunikation auf und macht einer absoluten Informationssperre Platz: es tritt die für Lehrverantaltungen mit Erwachsenen durchaus typische Situation des inneren »Abschaltens« ein. Diese Erfahrung kann den Arbeiter im allgemeinen nur in seinen Erwartungen bestätigen, die sich während seiner Schulzeit gebildet haben. »Der Umstand, daß das Kind aus der Arbeiterklasse einem anderen Aspekt der Sprache Bedeutung beimißt, als dem, der vom Schulunterricht verlangt wird, ist für den Widerstand verantwortlich, den es der Erweiterung des Vokabulars, der Handhabung von Wörtern und der Konstruktion von geordneten Sätzen entgegensetzt, was schließlich zu einer allgemeinen kognitiven Verarmung führt. Das ›Ich‹ des Kindes teilt sich durch expressiven Symbolismus und im Rahmen einer öffentlichen Sprache in angemessener Weise mit. Im formellen Schulunterricht aber werden diese Kommunikationsmittel nicht anerkannt und deshalb notwendigerweise entwertet. Der Versuch, den öffentlichen durch einen anderen Sprachgebrauch und die eine Ebene der Kommunikation durch eine andere zu ersetzen, schafft für das Kind aus der Arbeiterklasse schwerwiegende Probleme und Konflikte, da es dabei im Grunde um den Versuch geht, das fundamentale Perzeptionssystem des Kinders, ja sogar die Mittel, durch die es sozialisiert worden ist, zu verändern.«[31]

Von konkreter, Einstellungen und Bewußtsein gleichermaßen verändernder Arbeiterbildung kann man nur sprechen, wenn die dialektische Vermittlung zwischen formaler und öffentlicher Sprache, zwischen den pragmatisch verengten, für Bildungsprozesse jedoch unerläßlichen erfahrungswissenschaftlichen Erkenntnissen und dem vorwissenschaftlichen emanzipativen Inhalt des praktischen Arbeiterbewußtseins bereits den exemplarisch organisierten Lehrstoff bestimmt; denn nur unter dieser Bedingung kann die Unterrichtssituation selber von den größten lernpsychologischen und sprachlichen Barrieren entlastet werden.

IV. Geschichtsbewusstsein und klassenlose Gesellschaft

Die Frage nach den empirisch feststellbaren Elementen des historischen Bewußtseins der Arbeiterschaft ist für eine exemplarische Arbeiterbildung, in der Informationsvermittlung und Erziehung zu geschichtlich relevantem Handeln untrennbar miteinander verbunden sind, vor allem deshalb von Bedeutung, weil es um die der Entwicklung des Geschichtsbewußtseins entgegenwirkenden klassenspezifischen Mechanismen geht. Historisches Bewußtsein und allgemeines Zeitbewußtsein sind nicht identisch; die durch Internalisierung der vorherrschenden gesellschaftlichen Regeln und durch Erfahrungen im Produktions- und Verwertungsprozeß bestimmten Formen des Zeitbewußtseins und der Zeitwahrnehmung der Arbeiter haben jedoch zweifellos einen entscheidenden Einfluß auf die Bildung des historischen Bewußtseins.[1]

Hätten die Arbeiter ein ihrer objektiven Klassenlage adäquates historisches Bewußtsein, dann wäre jede politische Bildungsarbeit überflüssig. Die entscheidende Frage ist deshalb, inwiefern die Gesamtsituation des Arbeiters, seine realen Existenzbedingungen, Konflikte, Sprachformen, Interessen und Hoffnungen, *Intentionen* auf ein Bewußtsein seiner objektiven Lage und auf einen von Unterdrükkung, Ausbeutung und Ungerechtigkeit befreiten Gesellschaftszustand enthalten, dessen objektive Möglichkeit als realistischer Bezugsrahmen emanzipativer Handlungen in den geschichtlich relevanten Aktionen der organisierten Arbeiterschaft immer schon vorausgesetzt ist.

Erst wenn der Sinn der Arbeiterbildung in der doppelten Aufgabe gesehen wird: durch Erziehung zu soziologischem Denken den Arbeitern das Bewußtsein ihrer eigenen Konflikte und Handlungen zu vermitteln und gleichzeitig »aus den eigenen Formen der existierenden Wirklichkeit die wahre Wirklichkeit als ihr Sollen und ihren Endzweck (zu) entwickeln«,[2] besteht die Möglichkeit, illusionäre oder auf entfremdeten Interessen beruhende Vorstellungen und Handlungen, die Erbteil der bestehenden Klassengesellschaften sind, von denjenigen zu unterscheiden, die mit der historischen Entwicklungstendenz objektiv übereinstimmen, dem einzelnen aber nur durch Antizipation eines freien und gerechten Gesellschaftszustandes verständlich zu machen sind. Wäre Arbeiterbildung darauf beschränkt, im Rahmen der bestehenden Gesellschaft Informationen über Satzungen, Beschlüsse und Forderungen der Gewerkschaften zu liefern und entsprechende Handlungen plausibel zu machen, so mußte sie von vornherein darauf verzichten, die eigentlichen Bestimmungsgründe auch nur einer einzigen Aktion zu begreifen; denn sie würde nur die Illusion ihrer Adressaten bestätigen, daß die geschichtlich notwendigen Handlungen Produkt ihres rein funktionalen Selbstverständnisses innerhalb der etablierten Organisationen sind, deren naturwüchsige Kraft als unmittelbare Ausdrucksform und als zureichender Garant des gesellschaftlichen Fortschritts erscheint.

Marx weist auf diesen illusionären, das eigentlich geschichtliche Handeln blockierenden Zusammenhang zwischen objektiver Situation im »achtzehnten Brumaire« hin: »Auf den verschiendenen Formen des Eigentums, auf den sozialen Existenzbedingungen erhebt sich ein ganzer Überbau verschiedener und eigentümlich gestalteter Empfindungen, Illusionen, Denkweisen und Lebensanschauungen. Die ganze Klasse schafft und gestaltet sie aus ihren materiellen Grundlagen heraus und aus den entsprechenden gesellschaftlichen Verhältnissen. Das einzelne Individuum, dem sie durch Tradition und Erziehung zufließen, kann sich einbilden, daß sie die eigentlichen Bestimmungsgründe und den Ausgangspunkt seines Handelns bilden.«[3]

1. Objektive Möglichkeit und Klassenbewußtsein

Gilt »soziale Gerechtigkeit« als die Leitnorm der gewerkschaftlichen Maßnahmen und Forderungen – und es gibt kein Gewerkschaftsprogramm, das man seinem Anspruch nach nicht auf diese Norm zurückführen könnte –, dann muß es Aufgabe der Arbeiterbildung sein, diesen letzten Grund des Handelns der Individuen auf die in ihm enthaltenen historischen Voraussetzungen zu untersuchen. Will die Arbeiterbildung jene Reflexionsstufe erreichen, auf der der unreflektiert unterstellte Begriff der sozialen Gerechtigkeit, oder gar der des »gerechten Lohnes«,[4] in historischer und soziologischer Konkretion entfaltet wird, dann bedarf sie der Kategorie der objektiven, das heißt: realen Möglichkeit, die, im Unterschied zum Begriff der bloß formellen, lediglich den Regeln des logischen Denkens angemessenen Möglichkeit, Umstände, Bedingungen und praktische Mittel der Realisierung mit enthält.

Was bedeutet »objektive Möglichkeit« in der gegenwärtigen Gesellschaft? Welche emanzipativen, auf die Befreiung der Menschen abzielenden Handlungen können als objektiv mögliche betrachtet und daher einzig als historisch notwendige gerechtfertigt werden? Welche Vorstellungen enthalten die »Intention auf Klassenbewußtsein«? – Von der Beantwortung dieser Fragen, die keineswegs nur die *Theorie* der Arbeiterbewegung, sondern auch ihre unmittelbare Praxis betreffen, hängt in letzter Instanz der Zweck der Arbeiterbildung ab, der die Grenzen der pragmatischen und strategischen Erfordernisse der Gewerkschaftsorganisationen notwendig überschreitet.

Auszugehen ist von der Strukturveränderung des Begriffs der Utopie. Unter den entfalteten technischen, wissenschaftlichen und organisatorischen Bedingungen der fortgeschrittenen Industriegesellschaften ist es offenbar ausgeschlossen, vernünftige, das heißt von partikularen Herrschaftsinteressen freie Gründe dafür anzuführen, daß Wirtschaftsdemokratie, Arbeiterselbstverwaltung, gesamtgesellschaftliche Organisation der gesellschaftlichen Produktion und der Verteilung im Dienste realer Bedürfnisbefriedigung, also Selbstbestimmung des Menschen in ökonomischer und politischer Hinsicht schlechthin unrealisierbare, utopische, der »Natur« des Menschen und der Gesellschaft widersprechende Ziele sind. Es gibt heute im Gegenteil plausible Argumente für die Auffassung, daß die Verschwendung gesellschaftlichen Reichtums durch die künstliche Aufrechterhaltung einer offenen Bedürfnisspirale bei gleichzeitiger Verarmung eines großen Teils der Weltbevölkerung und bei Deformation der menschlichen Wesenskräfte den Begriff der Utopie grundlegend verändert haben. Die traditionellen Utopien, die in ihren naturrechtlichen Versionen die Herstellung der menschlichen Würde, in ihren sozialen die Befreiung vom materiellen Elend bezweckten, waren subjektive Konstruktionen eines Gesellschaftszustandes, zu dessen Verwirklichung sowohl die materiellen Hilfsmittel als auch die theoretische Einsicht in die komplexen Realisierungsbedingungen fehlten.

Seitdem Hegel und Marx diesen positiven Utopien in einem die Emanzipationsgehalte und deren Realisierungsbedingungen gleichermaßen umfassenden Begriff der »objektiven Möglichkeit« einen neuen, konkreten Sinn gegeben haben, gleichzeitig der gesellschaftliche Reichtum ins schier Unermeßliche gewachsen ist, kann man sinnvoll nur noch von negativen Utopien sprechen; sie bestehen in nichts anderem als in der Denunziation der menschenfeindlichen, ausschließlich bornierten Kapitalverwertungsinteressen dienenden Verschwendung und in dem unbestechlichen Aufweis der Verkümmerungsformen des Individuums, das unter überholten Zuständen leben muß.

Wie das Klassenbewußtsein, das in seiner entmythologisierten Form nicht mehr und nicht weniger als die Angemessenheit der Vorstellungen der Menschen an die geschichtlich bedingten objektiven Möglichkeiten der Gesellschaft bedeutet, sind objektive Interessen und reale Möglichkeiten der wahren Bedürfnisbefriedigung demzufolge weder abstruse, überholte Begriffe, zu welchen die positivistischen Sozialwissenschaften und die politische Propaganda sie machen möchten, noch empirisch-statistische Größen, die mit Hilfe der Meinungsforschung aus der Aufarbeitung von Einstellungen, Präferenzen und subjektiven Interessen der Individuen zu gewinnen wären. Sie sind vielmehr Bestandteile einer Theorie, deren Inhalt die sozialrevolutionäre Emanzipation der Menschen ist.

Dabei geht es keineswegs um die Fixierung imaginärer, durch Moral oder Gerechtigkeit legitimierter geschichtlicher »Endziele«, wie sie in den Revisionismus-Debatten der Jahrhundertwende vor allem von denjenigen vertreten wurden, die sich gegen den angeblichen Hegelianismus in der Marxschen Gesellschaftstheorie wandten. Der Begriff einer klassenlosen Gesellschaft hat heute in vieler Hinsicht einen faßbareren, konkreteren Bedeutungsgehalt als vor fünfzig Jahren, was sich auch darin zeigt, daß von den spätkapitalistischen Ideologien die bestehende Gesellschaft als klassenlos legitimiert werden muß. Wenn von Klassenbewußtsein und klassenloser Gesellschaft sinnvoll gesprochen werden soll, so sind stets gleichzeitig die Veränderungen der einzelnen Klassen und der Aufbau der

Gesamtgesellschaft zu berücksichtigen. Aus der Verneinung der mit aufdringlich skeptischem Gestus unendlich wiederholten Frage, ob es denn heute ein Proletariat im traditionellen Sinne noch gäbe, würde deshalb nicht zwingend die positive Feststellung folgen, daß wir in einer klassenlosen Gesellschaft leben.

In den Schriften des jungen Lukács wird dieser Zusammenhang zwischen Klassenlage, Klassenbewußtsein und Totalität der Produktions- und Reproduktionsverhältnisse der Gesellschaft von den mechanistischen Vereinfachungen der Theoretiker der II. Internationale befreit und als ein zentrales dialektisches Problem der materialistischen Geschichtsauffassung formuliert.[5] »Indem das Bewußtsein auf das Ganze (die konkrete Totalität der Gesellschaft, O. N.) bezogen wird, werden jene Gedanken, Empfindungen und so weiter erkannt, die die Menschen in einer bestimmten Lebenslage haben würden, wenn sie diese Lage, die sich aus ihr heraus ergebenden Interessen sowohl in bezug auf das unmittelbare Handeln wie auf den – diesen Interessen gemäßen – Aufbau der ganzen Gesellschaft vollkommen zu erfassen fähig wären. – Die rationell angemessene Reaktion nun, die auf diese Weise einer bestimmten typischen Lage im Produktionsprozeß zugerechnet wird, ist das Klassenbewußtsein. Dieses Bewußtsein ist also weder die Summe noch der Durchschnitt dessen, was die einzelnen Individuen, die die Klasse bilden, denken, empfinden usw. Und doch wird das geschichtlich bedeutsame Handeln der Klasse als Totalität letzthin von diesem Bewußtsein und nicht vom Denken usw. des einzelnen bestimmt und ist nur aus diesem Bewußtsein erkennbar.«[6] Da mit der Überwindung der Klassengesellschaft stets mehr gemeint war als die Aufhebung des materiellen Elends, kann von klassenloser Gesellschaft erst dann gesprochen werden, wenn der Aufbau der Gesamtgesellschaft den emanzipativen Ansprüchen des Kampfes der ganzen bisherigen Arbeiterbewegung entspricht.

Die spätkapitalistische Gesellschaft, die nach einem Wort Max Horkheimers in ihrer Struktur potentieller Faschismus ist, als klassenlose Gesellschaft zu bezeichnen, weil sich isolierte Merkmale einzelner Klassen, etwa die rechtliche Form der privaten Verfügung über das Kapital oder der Lebensstandard der Arbeiter, verändert haben, ist selber Ausdruck der Klassenherrschaft und der ideologischen Machtmittel, über die die herrschende Klasse gegenwärtig verfügt.

Marx jedenfalls hat die Möglichkeit von Veränderungen der Zusammensetzung und des Lebensniveaus des Proletariats, auf die heute gegen seine Theorie verwiesen wird, erkannt, ohne sie allerdings als wesentliche Veränderungen der bürgerlich kapitalistischen Gesellschaft zu deklarieren. Im ersten Band des »Kapital« heißt es: »Unter den bisher unterstellten, den Arbeitern günstigen Akkumulationsbedingungen kleidet sich ihr Abhänigkeitsverhältnis vom Kapital in erträgliche, oder, wie Eden sagt, ›bequeme und liberale‹ Formen. Statt intensiver zu werden mit dem Wachstum des Kapitals, wird es nur extensiver, d. h. die Exploitions- und Herrschaftssphäre des Kapitals dehnt sich nur aus mit seiner eigenen Dimension und der Anzahl seiner Untertanen. Von ihrem eigenen anschwellenden und schwellend in Zusatzkapital verwandelten Mehrprodukt strömt ihnen ein größerer Teil in Form von Zahlungsmitteln zurück, so daß sie den Kreis ihrer Genüsse erweitern, ihren Konsumtionsfonds von Kleidern, Möbeln usw. besser ausstatten und kleine Reservefonds von Geld bilden können. So wenig aber bessere Kleidung, Nahrung und Behandlung und ein größeres Peculium das Abhängigkeitsverhältnis und die Exploitation des Sklaven aufheben, so wenig die des Lohnarbeiters.«[7]

Bezieht man Klassenlage und Klassenbewußtsein[8] auf das Ganze der Gesellschaft, so ergibt sich ein Kriterium für die Arbeiterbildung: die tatsächlichen Vorstellungen und Handlungen der Individuen auf ihren historischen Gehalt hin zu interpretieren und verständlich zu machen. So wäre es ohne Zweifel ein Rückfall auf eine historisch überholte Entwicklungsstufe, wollte man eine industrielle Gesellschaft nach Maßstäben organisieren, die den objektiven und subjektiven Interessen von Gruppen wie den Bauern, Kleinbürgern, Angestellten oder Beamten entsprechen würde. Dagegen stimmt eine Organisation der Gesellschaft mit den historischen Entwicklungstendenzen, einschießlich der fortschreitenden Konzentration und Zentralisation der gesellschaftlichen Produktivkräfte, überein, welche die objektiven und zum Teil auch subjektiven Interessen der Arbeiterklasse: kollektive Selbstverwaltung des gesellschaftlichen Produktionsprozesses, Aufhebung der Lohnarbeit, Beseitigung der Herrschaft des »Kapitals« in allen Formen, der entfremdeten Arbeit, der Bildungsprivilegien usw., zu bestimmenden Prinzipien macht.

Erst diese Perspektive, durch die gegebene Ereignisse und Handlungen nicht nur im Hinblick auf ihren historischen Ursprung und ihre gesellschaftliche Funktion, sondern auch auf ihre Reorganisation der Gesellschaft, die objektive, das heißt emanzipatorische Interessen zu ihrer Basis hat, interpretiert werden, verschafft der gewerkschaftlichen Bildungsarbeit einen Ausgangspunkt, der ebenso die Formulierung historisch spezifischer, also vorläufiger Endziele, wie die kritische Analyse der Gesellschaft zuläßt. Ohne eine solche Perspektive können die Intentitionen auf Klassenbewußtsein: große Streiks, Proteste gegen Ungerechtigkeiten im Betrieb, unbefriedigte Wünsche nach sinnvoller Arbeit, immer nur in den Kategorien der bestehenden Verhältnisse gedeutet werden.

2. Autonome Gegenmacht und »revolutionärer Reformismus«

Es könnte für die unmittelbaren Erfordernisse der Gewerkschaftspolitik ausreichen, den Arbeitern das Wesen der Mitbestimmung durch die sie betreffenden Vorschriften und Rechte zu erklären, um sie zu befähigen, im Rahmen erworbener Rechte die gegebenen Möglichkeiten voll auszunutzen. Da jedoch gerade die Arbeiter an dem Sinn des Wortes Mitbestimmung festhalten, das dem Bedeutungsgehalt nach mehr auf Arbeiterselbstverwaltung hinweist als auf das beschränkte Mitspracherecht der Gewerkschaften in den Aufsichtsräten, die andererseits nur auf höchst vermittelte Weise durch eine Delegation ihrer Rechte und Ansprüche an der Mitbestimmung teilnehmen, wird sie ihnen unverständlich, wenn sie nicht als Schritt zu einer die Postulate der politischen Demokratie überhaupt erst erfüllenden Wirtschaftsdemokratie begriffen wird. Die Begriffe Mitbestimmung und Selbstbestimmung sind, will man nicht ein unter bestimmten historischen Bedingungen vorübergehend hergestelltes Klassengleichgewicht für ewig halten, voneinander nicht zu trennen; denn wahrhaft mitbestimmen kann nur derjenige, der eine autonome Machtposition besitzt. Die Behauptung und schrittweise Erweiterung der erreichten Machtpositionen der Arbeiterklasse ist unter den gegebenen Bedingungen ein wesentliches – wenn auch keineswegs das einzige oder gar ausreichende – Mittel der gesellschaftlichen Veränderung. Stellt sich aber die Bildungsarbeit auf die bloße Erläuterung dieser Erweiterungen ein, so fördert sie nicht, sondern behindert geradezu das Bewußtwerden ihres begrenzten, quantitativen Charakters und bestätigt damit die Ideologie der bestehenden Gesellschaft, die alles Qualitative, das System Überschreitende – vom Gebrauchswert, der Mittel und Anhängsel des Tauschwertes ist, bis hin zur Demokratisierung der ökonomischen Basis –, mit einer verdinglichten Schicht systemimmanter, quantitativer Bestimmungen überzieht. Eine historisch legitimierte und autonome Ausgangsbasis der gewerkschaftlichen Bildungsarbeit läßt sich langfristig freilich nur herstellen, wenn die Gewerkschaften selbst eine autonome Politik der Arbeiterinteressen betreiben.

Selbst wenn man sich heute eingestehen muß, daß es eine Art Naturbasis objektiver Widerspüche, die einen ökonomischen Zusammenbruch der kapitalistischen Gesellschaftsordnung automatisch herbeiführen könnte, nicht mehr gibt, so folgt daraus keineswegs zwingend, daß die Arbeiterschaft einer Integrationsideologie und einer Anpassung erliegen müßte, die den Bewußtseinshorizont auf die optimale Realisierung unmittelbarer Interessen einschränkt. Die mechanistische Vorstellung von der Beziehung zwischen Bewußtsein und gesellschaftlichem Sein diente den revisionistischen Arbeiterparteien ohnehin stets als eine Ausrede. In explosiven gesellschaftlichen Krisensituationen verwiesen sie auf das gering ausgebildete Klassenbewußtsein und auf die durch Not geminderte Aktionsbereitschaft der Arbeiterklasse, in prosperierenden oder stagnierenden Phasen dagegen auf den Mangel an Bildungsmotiven oder auf die wirksame Verschleierung von Unterdrückung und Ausbeutung.

Es gibt aber weder einen Bildungswert des Elends noch unüberwindbare Schranken für die Bildung in politisch stagnierenden oder wirtschaftlich prosperierenden Phasen der gesellschaftlichen Entwicklung; politisches Bewußtsein ist stets Ergebnis langwieriger, durch kollektive Kampferfahrungen strukturierter Erziehungsprozesse und nicht das mechanische Produkt objektiver Verhältnisse, obwohl es natürlich ebenso notwendig ist, daß sich die Realität zum Gedanken drängt.

Ist man sich dessen bewußt, daß Bildung und Politik der Arbeiterschaft nur auf einer autonomen Basis, d. h. unabhängig von der Ideologie und von den wechselnden Formen der Selbsterhaltung der bürgerlich-kapitalistischen Gesellschaftsordnung zu begründen sind, dann verliert die bloße *Tatsache* der Selbsterhaltung und die zeitweilige Stabilität der spätkapitalistischen Gesellschaftsordnung ihre suggestive Macht gegenüber allen Versuchen, das Bestehende, qualitativ zu verändern. Der Kapitalismus mag imstande sein, eine Reihe von Widersprüchen zu lösen, aber er löst sie stets nach Maximen und im Interesse des bestehenden Herrschaftssystems. Aus der Analyse der Formen seiner Selbsterhaltung, die je nach der Konstellation der gesellschaftlichen Kräfte in verschwenderischen und destruktiven Konsumgesellschaften, in autoritären oder totalitären Systemen bestehen können, ergibt sich für die Arbeiterbildung die Aufgabe, eine von objektiven Interessen bestimmte Rangordnung wahrer Bedürfnisse sichtbar zu machen. Auf diese Weise ließen sich die ungelösten Widersprüche an der Basis aufdecken, die totale Unterordnung der »historisch-elementaren Bedürfnisse« (André Gorz) der Menschen unter die privaten Interessen des kapitalistischen Verwertungsprozesses, unter eine Produktionsmaschinerie, die ihre Legitimation aus der bloßen Tatsache ihres Funktionierens bezieht. Denn wo die subjektiven Interessen der Individuen dem objektiven Interesse der Emanzipation tatsächlich entgegenstehen, sind sie entweder unmittelbarer Ausdruck von realen ökonomischen und geistigen Deformationen, die Menschen dazu bringt, selbst gegen bessere Einsicht in die eigene Interessenlage zu handeln.

In dem Maße nun, wie sämtliche politische Parteien sich darauf beschränken, aus wahlstrategischen Gründen über Forderungen auf den Konsumentenstatus des Menschen, auf den statistischen Querschnitt der durch die bestehende Gesellschaft produzierten subjektiven, kurzfristigen Interessen und auf politisch-illusionäre Vorstellungen einzustellen, so daß die traditionelle Arbeiterpartei mit Massenbasis bewußt auf die primäre Vertretung von Arbeiterinteressen verzichtet, könnten die von formalen parlamentarischen Legitimationen befreiten Gewerkschaften zur mächtigen, autonomen gesellschaftlichen Organisation werden, welche durch Überwindung der kapitalistischen Produktionslogik und ihrer sozialen Folgen den Produzentenstatus der Menschen grundlegend verändert.

Die traditionelle, vom Liberalismus geerbte und in der vergangenen Arbeiterbewegung praktizierte Arbeitsteilung zwischen politischer und ökonomischer Ebene läßt sich nicht mehr aufrechterhalten: diese Entwicklung ist in Frankreich und Italien ebenso wie in der Bundesrepublik festzustellen. Die Aufgabe, den objektiven Interessen gemäß die Produktionssphäre zu demokratisieren, erfordert die Einsicht in die politische Funktion des ökonomischen Kampfes; erst dadurch verliert er seine auf die partikulare Rationalität des Kapitalismus beschränkte Gestalt.[9] Die Furcht vor Loyalitätskonflikten mit der Sozialdemokratischen Partei hindert freilich die »administrative Elite« der Gewerkschaften, auch nur ein Bewußtsein über diese Entwicklung zu gewinnen: der Artikulierung dieser Strukturveränderungen entgeht man durch die Konzentration auf den pragmatischen Bereich der Tarifpolitik.

Diese Erörterungen über objektive Möglichkeit, Klassenbewußtsein und objektive Interessen haben den Nachweis bringen sollen, daß zur Interpretation der Handlungen und Vorstellungen der Arbeiter ein Begriff der Geschichte, der die Kategorie der objektiven Möglichkeit enthält, ebenso notwendig ist wie der Begriff von der konkreten Totalität der Gesellschaft, die eine Unterscheidung zwischen subjektiven und objektiven Interessen erlaubt. Die scheinbar einfache Forderung, den Arbeitern bewußt zu machen, was sie eigentlich tun, wenn sie in ihren Vorstellungen und ihrem praktischen Verhalten die gegebenen Verhältnisse kritisieren, läßt sich nur durch eine Überschreitung der Existenzbestimmungen der etablierten bürgerlichen Gesellschaft erfüllen.

Kategorien wie die der objektiven Möglichkeit und des objektiven Interesses, zu denen heute etwa auch die Aufhebung des naturwüchsigen Zwanges gehören würde, in einer durchgängig vergesellschafteten Gesellschaft in verkümmerten privaten Formen leben zu müssen, bestimmen jedoch nicht nur den Maßstab für die Deutung von Handlungen und Vorstellungen der Arbeiter, sondern haben zugleich die Funktion von Lernmotivkategorien. Da eine der Befreiung vom Arbeiterdasein dienende Bildung unter individuellen Perspektiven kaum motiviert werden kann, ist zu erwarten, daß von gesellschaftlichen Perspektiven eher eine Wirkung auf die aktuelle Lernsituation ausgeht. Experimentelle Untersuchungen haben ergeben, daß in der Lernsituation tatsächlich eine Beziehung zwischen individueller Motivation und gesellschaftlich relevanten Perspektiven besteht. »Eine besondere Funktion der in diesem Sinn zu verstehenden individuellen Perspektiven liegt nicht zuletzt in ihrer für die aktuelle Handlungssituation bestimmenden Wirkung. Das gegenwärtige Tun und Handeln erfährt unter dem Aspekt derartiger oft weitreichender Zielsetzungen bestimmte Antriebe, Impulse und entsprechende Steuerungsintentionen.«[10]

V. Prinzipien der exemplarischen Reorganisation des Lehrstoffs[1]

Eine der größten Schwierigkeiten der exemplarischen Stoffgliederung in der gewerkschaftlichen Bildungsarbeit besteht darin, im Zusammenhang der gegebenen Bewußtseinsverfassung des Arbeiters wie seiner subjektiven und objektiven Interessen den exemplarischen Bildungswert des einzelnen Lehrfaches oder Themenbereiches zu bestimmen. Soziologische Phantasie, durch welche die »Fragmentierung« der Informationsaufnahmen[2] und die Personalisierung gesellschaftlicher Verhältnisse allererst subjektiv zu überwinden wären (objektiv ließen sich beide nur durch die vernünftige Organisation des gesellschaftlichen Ganzen aufheben), entfaltet sich nur in der permanenten Spannung zwischen der Klassenlage, dem objektiven Interesse und den subjektiven Interessen der Arbeiter; in der politischen Bildung kommt es deshalb darauf an, durch soziologische Analysen die in besondern Formen subjektiver Interessen und Konflikte erscheinenden allgemeinen Inhalte der gesellschaftlichen Widersprüche konkret zu bestimmen und in den Erziehungsprozeß einzubeziehen.

Seit langem ist der pädagogischen Psychologie des Lernens bekannt, daß die Effektivität von Lernprozessen in dem Maße steigt, wie individuelle Interessen in ihnen wirksam sind oder wenigstens mit ihnen in Verbindung gebracht werden können. Die exemplarische Reorganisation der Lehrfächer innerhalb der Arbeiterbildung kann sich auf einen für die Arbeiter typischen, kollektiv bedingten Mechanismus der Reduktion gesellschaftliche Erscheinungen auf Interessen stützen. Im Unterschied zu anderen gesellschaftlichen Gruppen oder Klassen, die eher dazu neigen, etwa Politik und Recht als von Interessen abgetrennte Sonderbereiche zu behandeln, sind die Arbeiter nämlich fähig, selbst entfernte, der direkten Erfahrung entzogene Ereignisse und Zusammenhänge auf ihre unmittelbaren Interessen zurückzubeziehen. Wie wichtig diese Rückbeziehung auf Interessen ist, wird deutlich, wenn man bedenkt, daß gerade der Mangel einer solchen Fähigkeit in entscheidendem Maße die Wirksamkeit der allgemeinen politischen Bildung im Sozialkundeunterricht der Schulen behindert.[3]

Der exemplarische Bildungswert der Unterrichtsgegenstände wird durch drei Faktoren bestimmt: ihre Nähe zu den individuellen Interessen, den inhaltlich über die unmittelbaren Interessen hinausweisenden Elementen des Arbeiterbewußtseins, die allgemeinere gesellschaftliche Zusammenhänge betreffen, und schließlich die Bedeutung, die den Bildungsgehalten für die Emanzipation des Arbeiters zukommt. Würde der Bildungswert der Themenbereiche ausschließlich nach *einem* dieser drei Gesichtspunkte bestimmt, so müßte die Arbeiterbildung ihren Anspruch auf Erziehung der Arbeiter aufgeben. Während zum Beispiel Berechnungen von Renten und Hilfeleistungen, die sich aus Krankheitsfällen ergeben, zu stark an unmittelbare Interessen gebunden sind, ist die politische Ideengeschichte zu weit von ihnen entfernt, so daß allenfalls ein abgeleiteter Bildungseffekt im Zusammenhang des exemplarischen Unterrichts zu erwarten wäre. Eine konkretere, dialektische Vermittlung zwischen Interessen, gesamtgesellschaftlichen Zusammenhängen, auf die bereits im Bewußtsein der Arbeiter eine Reihe von Vorstellungen hindeuten, und Erwartungen im Hinblick auf die Befreiung vom Arbeiterdasein, ergibt sich dagegen aus Themenbereichen wie dem Arbeitsrecht und der technischen Entwicklung: beide können von den Arbeitern sowohl auf ihre Interessen wie auf den politischen Gesamtzustand der Gesellschaft bezogen werden.

Exemplarische Bildungsprozesse, die von diesen Bereichen ausgehen, treffen freilich zugleich auf den hartnäckigsten Widerstand von Vorurteilen, Verschleierungen und objektiv falschem Bewußtsein. Recht und Technik sind nämlich Themen, die für die qualitativen Veränderungen der bestehenden gesellschaftlichen Verhältnisse und gleichzeitig für die Verschleierung ihrer grundlegenden Widersprüche von Bedeutung sind: die mit der Sphäre des Rechts und dem Bereich der technischen Produktivkräfte verbundene partikulare, formale Gleichheit der Rechtssubjekte und der ebenso partikularen Rationalität der technischen Verfügung über Natur und Menschen lassen die bestehende Gesellschaft als im Prinzip vernünftig organisiert erscheinen; qualitative Veränderungen der Gesellschaft, die jene begrenzte Vernunft allererst inhaltlich erfüllen könnten, erscheinen demgegenüber als überflüssig, ja schädlich. Der Arbeiterbildung muß es aber gerade darum gehen, den formal begrenzten Charakter des Rechts und der Technik erkennbar und damt praktisch-politisch aufhebbar zu machen, indem sie von den grundlegenden Widersprüchen der bestehenden Gesellschaft aus analysiert und am Maßstab ihrer objektiven Möglichkeit gemessen werden.

Eine die traditionelle Fachgliederung aufsprengende soziologische Interpretation des Rechts und der Technik würde nicht nur zu einer Konkretisierung des Widerspruchs zwischen Produktivkräften und Produktionsverhältnissen führen, sondern den Arbeitern auch bewußt machen, daß die rechtlich normierten Machtverhältnisse ebenso wie die Entwicklungsrichtung der Produktivkräfte durch Klasseninteressen bestimmt sind. Recht und Technik könnten so, indem sie als exemplarische Ausgangsthemen der gewerkschaftlichen Bildungsarbeit in die politische und geschichtliche Dimension zurückgenommen werden, den verbreiteten Vorstellungen über den ein für allemal »institutionalisierten Klassenkampf« und über die »wertfreien« Entwicklungsgesetze der Industriegesellschaften entgegenwirken.

1. Politik und Interessen des Lehrstoffs

Um die aus Recht und Technik zu entfaltenden soziologischen Zusammenhänge auf die individuellen Interessen zurückführen zu können, bedarf es zunächst einer Erörterung des in Deutschland seit den Anfängen der bürgerlichen Gesellschaft prekären Verhältnisses zwischen Politik und Interessen. Hierbei zeigen sich zwei Tendenzen, die für die Arbeiterbildung von gleichem Gewicht sind, will sie nicht von fiktiven Voraussetzungen ausgehen. Zunächst ist festzuhalten, daß sich alle Bestrebungen einer formierten, autoritär-ständischen Gesellschaft, die den durch Interessen vermittelten Konkurrenzkampf zugunsten einer am Berufsethos von Beamten orientierten Hierarchie von politischen Verantwortlichkeiten aufheben soll,[4] auf eine auch im Bewußtsein der Arbeiter anzutreffende Trennung von betrieblicher Interessensphäre und politischem Bereich stützen können.

Insbesondere jüngere Arbeiter, die den Zusammenbruch der Arbeiterorganisationen im Jahr 1933 als ein unwiederholbares historisches Ereignis betrachten, sind geneigt, Parteipolitik und gewerkschaftliche oder betriebliche Interessenvertretung strikt zu trennen. Aber diese Bewußtseinsentwicklung ist, da sie eindeutig restaurative Züge trägt, gebrochen und deshalb einer aufklärenden Bildungsarbeit zugänglich. Wenn auch das praktische Bewußtsein der gewerkschaftlich aktiven Arbeiter und der Kampf der Gewerkschaften in der Weimarer Zeit im traditionellen Sinne politischer gewesen sein mögen als heute, so kann doch die Tatsache nicht übersehen werden, daß die Trennung von Staat und Gesellschaft, die sich in der für die deutsche Situation typischen Unterscheidung von Politik und Interesse niederschlug, erst durch die totale Politisierung der Gesellschaft während der Zeit des Nationalsozialismus für jeden einzelnen unmittelbar erfahrbar aufgehoben wurde.

Das Bewußtsein der Arbeiter hat heute insofern eine höhere historisch bestimmte Stufe der Reflexion unmittelbarer Interessen erreicht, als es im Unterschied zur vergangenen Situation nur noch durch zwanghafte Identifikation mit der Privatsphäre möglich ist, sich einzureden, daß die eigenen Interessen von der Politik nicht berührt werden. Der herkömmliche Begriff des Politischen, seine Reduktion auf parteipolitische Auseinandersetzungen, parlamentarische Gesetzgebung und staatliche Maßnahmen entspricht heute weder der objektiven Situation der Gesellschaft noch der Bewußtseinsverfassung der Arbeiter. Bis zum Jahr 1933 konnten die Gewerkschaften als organisierte Vertreter der Arbeiterinteressen mit einem gewissen Recht auf das naturwüchsig-kontinuierliche Anwachsen der Macht ihrer Organisationen vertrauen und den Parteien die Politik überlassen. Die fast widerstandslose Zerschlagung der Arbeiterorganisationen durch den Nationalsozialismus hat gezeigt, daß selbst die Vertretung unmittelbarer Interessen von der demokratischen Gesamtordnung der Gesellschaft nicht zu trennen ist.

Wenn heute auf die Entpolitisierung und Privatisierung der Arbeiter hingewiesen wird, dann übersieht man häufig, daß das Private in einer Gesellschaft wie der Bundesrepublik, deren Aufbauphase das vorhandene politische Potential nicht voll zur Entfaltung bringen konnte, nur noch als ein Ersatzverhalten begriffen werden kann. Die zur Feststellung von Berufsinteressen entwickelten Verfahren und Kategorien sind deshalb nur schwer auf die Analyse der politischen Interessen zu übertragen. Der Grad der Informiertheit sowie die Bereitschaft zum Aufwand von Zeit, Geld, zum Eingehen eines Risikos und so weiter lassen nämlich keine wirklichen Rückschlüsse auf politische Interessen zu. In eine Analyse der politischen Interessen müßte vielmehr auch der durch Aversionsverhalten bedingte politische Charakter negativer Abgrenzungen gegenüber der Politik einbezogen werden. Dabei ist zu berücksichtigen, daß in repräsentativen Systemen, wo politische Rechte nicht unmittelbar wahrgenommen werden können, ein Moment von Apathie und von Zwiespältigkeit im politischen Verhalten ohnehin unvermeidbar ist.

Eine allgemeine, formale Bestimmung der Interessen lautet: »Die Gegenstände, auf die sich das Interesse richtet, sind dem Bedarf und den Bedürfnissen eines Menschen komplementär. Sie besitzen teils positiven, teils negativen Aufforderungscharakter und lösen daher entweder ein Appetenz- oder Aversionsverhalten aus, bisweilen allerdings auch einen Konflikt zwischen diesen beiden Tendenzen... De facto besitzen wohl alle Menschen sowohl Interessen, deren allgemeiner Billigung sie gewiß zu sein glauben können und zu denen sie sich daher leicht bekennen, als auch andere, die zu verschweigen und sich nicht anmerken zu lassen sie für notwendig halten. Ein Gutteil der Wirksamkeit kommerzieller Werbemaßnahmen scheint darauf zurückzugehen, daß diese Interessen ansprechen, die man in der Regel weder sich selbst noch anderen leicht eingesteht.«[5] In dieser Bestimmung ist für unseren Zusammenhang vor allem zweierlei von Bedeutung: daß zum einen Interesse an einem Gegenstand (oder gesellschaftlichen Bereich) nicht nur dann vorliegt, wenn er positiven Aufforderungscharakter hat, sondern auch bei negativen, mit einem Aversionsverhalten verbundenen Abgrenzungen; daß zum anderen Interessen sich in einem gesellschaftlichen Spannungsfeld strukturieren.

Obwohl selbst bei den Gruppen innerhalb der Arbeiterschaft, deren Gesellschaftsbild durchgängig dichotomisch, d. h. nach dem Schema von Macht und Ohnmacht aufgebaut ist, die typisch kleinbürgerliche Aversion gegen alles, was Staat und Politik betrifft, fehlt, darf die Arbeiterbildung doch die Bedeutung der negativen Abgrenzungen gegen die mit Politik identifizierten Gefahrenzonen nicht unterschätzen. Was häufig als politische Apathie bezeichnet wird, erweist sich unter dem Aspekt der Doppeldeutigkeit des Interesses und der Umstrukturierung der Interessen unter bestimmten gesellschaftlichen Bedingungen als das Gegenteil eines gleichgültigen Verhaltens gegenüber der Politik; sie ist Resultat einer politischen Erfahrung, an die Bildungsprozesse anknüpfen können.

Im Wilhelminischen Obrigkeitsstaat war die Politik dem Sichtkreis des einzelnen entzogen; die nazistische Politisierung des gesellschaftlichen Lebens konnte als eine Bestätigung dafür aufgefaßt werden, daß die Beschäftigung mit Politik Gefahren birgt. Wolfgang Hochheimer formuliert treffend die sozialpsychologische Funktion der negativen Abgrenzung des Politischen: »... in der Politik wirken sich menschliche Züge aus, mit denen man direkt und ausgesprochen wenig zu tun haben möchte: Macht, Gewalt, Vorschrift, Gesetz, Verbot, Reglement, Unterdrückung, Einschränkung, Konflikt von Wünschen und Interessen, Streit, Kampf und Krieg. Politik erscheint so als eine Instanz und Institution, die solche seelischen Grundzüge repräsentiert, die die Menschen als unbequem oder gar unheimlich abgeschoben haben, obwohl natürlich an sich jeder einzelne daran teilhat... Politik macht jedenfalls einen Teilbereich menschlicher Wirksamkeit aus; die in ihm abgeschobenen Züge bergen – in ihrer Isolierung erst recht – für das menschliche Zusammenleben Gefahren, an denen man umkommen kann.«[6] Man kann aus dieser Feststellung den Schluß ziehen, daß selbst dann, wenn dem einzelnen Arbeiter eine Trennung zwischen dem privaten Interessenbereich und der Politik unter den gegenwärtigen gesellschaftlichen Bedingungen gelingen sollte – was bezweifelt werden muß –, Abgrenzungen dieser Art durch die objektiven Widersprüche in der Gesamtsituation der Arbeiter und durch die politischen Konflikte der Gesellschaft als fragwürdig erfahren werden.

Praktisch haben die Gewerkschaften der Nachkriegszeit jedoch mit dazu beigetragen, daß die Illusion einer Trennung von Politik und Interessen aufrechterhalten wurde: die Niederlagen der Arbeiterbewegung durch nazistischen Terror und im Kampf um die Mitbestimmung sind in der gewerkschaftlichen Bildungsarbeit nicht wirklich als politische Niederlagen reflektiert worden. Die Beschränkung der Erklärung dieser und anderer Niederlagen auf schicksalhafte, unwiederholbare historische Konstellationen oder auf Teilerfolge hat aber weder politisch-organisatorische Konsequenzen, noch trägt sie zur Bildung politischen Bewußtseins bei.

Eine andere Differenzierung der Interessen ergibt sich aus der Veränderung der objektiven Situation des Arbeiters am Arbeitsplatz; durch Veränderung der Stellung im Produktionsprozeß und durch Kampfsituationen können sich aus privaten kollektive Interessen entwickeln. Ein Beispiel dafür findet sich bei Popitz und anderen in dem Band »Das Gesellschaftsbild des Arbeiters«. Diesem Beispiel zufolge führt Arbeitsplatzunsicherheit selbst bei privilegierten, von einem starken berufsspezifischen Standesbewußtsein und Selbstvertrauen geprägten Gruppen, wie den Umwalzern, zur Reduktion ihrer Sonderinteressen auf die kollektiven Interessen der Arbeiter. »... wenn eine Gemeinsamkeit der Vorgegebenheit aller einzelnen Stellungnahmen zur täglichen Arbeit darin bestand, daß die befragten Arbeiter Umwalzer waren, so besteht die Gemeinsamkeit beim Thema ›neue Walzstraße‹ gerade darin, daß alle befragten Arbeiter Lohnarbeiter in der Großindustrie waren. Die Gefährdung des Arbeitsplatzes, des Spitzenlohnes, der privilegierten Stellung im Betrieb ist weniger das Problem eines Arbeiters, der in einem bestimmten Lohnverhältnis steht, ein Objekt der großbetrieblichen Arbeiterorganisation ist und seine Familie ernähren muß. Es versteht sich von selbst, daß jeweils der Umwalzer und der Lohnarbeiter antwortet, daß also ein gradueller Unterschied und keine Alternative gemeint ist, wenn wir betonen, daß die ›Instanz‹ der Stellungnahmen sich jetzt verlagert.«[7] Daß derartige Konfliktsituationen auch durch andere als solidarische Identifikationen, vor allem in Richtung auf einen autoritären Staat, gelöst werden können, hat die deutsche Geschichte der letzten Jahrzehnte zu Genüge dargetan.

Diese kurzen Hinweise auf den Doppelcharakter und die Umstrukturierung der Interessen haben den Zweck, die im exemplarischen Unterricht erforderliche Rückbeziehung von Globalzusammenhängen auf unmittelbare Interessen vor einer Verengung zu bewahren; wie in der Analyse der Konflikte sind auch hier latente und der Umstrukturierung fähige Interessen für Lernprozesse ebenso wichtig wie die durch Informationen (und politische Stellungnahmen) artikulierten und verbalisierten. Da ohne Einsicht in die klassenspezifischen Strukturen der individuellen Interessen eine soziologische und politische Erziehung der Arbeiter nicht zu erreichen ist – jedenfalls auf der formalen Ebene der Aneignung zerstreuter Informationen bleibt –, setzt die Analyse des Bildungswertes einzelner Themenbereiche die Untersuchung der bewußten und unbewußten Interessen der Adressaten der Arbeiterbildung voraus.[8]

2. Am Beispiel des Rechts

Ist eine Rückbeziehung der Themenbereiche auf die Interessen der Arbeiter gesichert, so kann der Bildungswert der Lehrstoffe danach bestimmt werden, wieweit sie ein produktives »Rückgängigmachen« von wissenschaftlichen Arbeitsteilungen erlauben, das heißt inwieweit die Entfaltung ihrer soziologischen und historischen Inhalte in Bildungsprozessen bewirkt, daß dem Arbeiter die Welt der Tatsachen und Informationen als auf grundlegende soziale Verhältnisse hin interpretierbar erscheint.

Wenn im folgenden der exemplarische Unterricht am Beispiel der Rechtsverhältnisse und der technischen Entwicklung erläutert wird, so kommt es hier vor allem auf inhaltliche und methodische Hinweise an, die den Vorgang der Rückübersetzung von geltendem Recht und von Technik in die ihnen zugrunde liegenden sozialen Beziehungen betreffen. Diese Hervorhebung bestimmter Sachgebiete bedeutet nicht eine dogmatische Beschränkung der Anwendbarkeit des exemplarischen Prinzips. Da es wesentlich um soziologische Lernprozesse geht, kann jeder gesellschaftlich relevante Bereich Gegenstand einer exemplarischen Stoffentfaltung sein: Bürokratisierungstendenzen in den gewerkschaftlichen Massenorganisationen ebenso wie das Freizeitverhalten der Menschen.

Durch die mit einer gewissen Institutionalisierung des Klassengegensatzes verbundene Erweiterung des Arbeitsrechts (insbesondere des kollektiven Arbeitsrechts) und des Sozialrechts sowie durch die Jahrzehnte anhaltende politische Stagnation der kapitalistischen Nachkriegsgesellschaften ist dem Gewerkschaftsfunktionär mittlerer und unterer Stufe, dessen Hauptinteresse die Funktionsfähigkeit des sozialen Systems: Funktionär – Mitglied ist, immer mehr die Aufgabe eines Anwalts erworbener Rechte zugefallen. »Ob nun die Brücke zwischen Funktionär und Mitglied vor allem über Fragen der Akkordberechnung, der Überstunden oder des Urlaubsgeldes führt oder ob die Suche nach Schutz bei drohendem Verlust des Arbeitsplatzes die Interaktion einleitet, in jedem Fall agiert der Funktionär im Rahmen erworbener Rechte.«[9] Da die exemplarische Bildungsarbeit, im Unterschied etwa zum Epochenunterricht, zum vorherrschenden Gegenstand die gegenwärtige Gesellschaft in der Dimension ihrer geschichtlichen Entstehungsbedingungen und der objektiven Möglichkeit ihrer Überwindung hat, ist es wichtig, das System der erworbenen, in die geltende Rechtsordnung eingefügten Rechte auf ihren gesellschaftlichen Inhalt hin zu untersuchen.

Zunächst ist der neue Inhalt und die gegenwärtige Organisation der Arbeiterbildung selber von der Erweiterung der Rechte der Arbeiter abhängig. Karl Korsch, der das Betriebsrätegesetz von 1922 einen »großen Betrug« nannte, hat gleichwohl die große Bedeutung der Tendenz zum »gewerblichen Konstitutionalismus« hervorgehoben; diese Tendenz führt, analog zum Kampf des Bürgertums um den konstitutionellen Staat, dazu, daß in der Anfangsphase der Einschränkung des industriellen Despotismus Mitwirkungsrechte im Rahmen der Arbeitsverfassung eines sich stabilisierenden »Gemeinwesens der Arbeit« schrittweise errungen werden.[10]

Mit der Ablösung der vor der Weimarer Republik als Arbeitsschutz geltenden Rechtsvorschriften durch das von der organisierten Arbeiterschaft erkämpfte und vom Staat sanktionierte kollektive Arbeitsrecht (ebenso das Tarif-, Betriebsverfassungs- und Mitbestimmungsrecht) sowie das Jugendschutzrecht wird der Arbeiter, neben dem bestehenden bürgerlichen Zivil- und Strafrecht, in ein Netz von Rechtsverhältnissen eingefügt, deren Beachtung notwendig zu einer Pragmatisierung der Arbeiterbildung führen mußte. Mit der Entstehung des modernen Arbeitsrechts verläßt die gewerkschaftliche Bildungsarbeit das Stadium der Elementarbildung; sie wird im eigentlichen Sinn Funktionärsbildung. Das Bewußtsein über diese Veränderungen der Arbeiterbildung muß in die Bildungsarbeit eingehen, damit die veränderten Aufgaben und Zielsetzungen im Zusammenhang der übrigen Bildungsinstitutionen der Gesellschaft begriffen werden können.

Bereits die Erörterung der Strukturveränderungen der Arbeiterbildung führt deshalb zu der Erkenntnis, daß die »erworbenen Rechte« Produkt des Kampfes der organisierten Arbeiterschaft unter bestimmten gesellschaftlichen Bedingungen sind. Zunächst scheint es keiner besondern Bildung zu bedürfen, um die Arbeiter darüber aufzuklären, daß ihre sozialrechtlichen Sicherungen und die Garantien ihrer Mitbestimmungsrechte Resultate von Klassenkämpfen sind. Der im gegebenen System erworbener Rechte handelnde Funktionär steht jedoch, wenn diese Kämpfe durch institutionalisierte Formen des Klassenkonflikts abgeschwächt und verdeckt werden, unter dem objektiven Zwang, den historischen und politischen Charakter der erworbenen Rechte zu vergessen; die pragmatische Zweckschulung kann eine solche Verkümmerung des politischen und historischen Bewußtseins nur bestärken.

Der Bruch in der im übrigen als kontinuierlich angesehenen Entwicklungsgeschichte der Arbeiterrechte wird zum historischen Zufall. Demgegenüber hat eine historisch und politisch interpretierte Rechtsentwicklung darauf hinzuweisen, daß zwischen dem Betriebsrätegesetz von 1920, der Beseitigung sämtlicher Rechte der Arbeiterschaft im Nationalsozialismus, dem Mitbestimmungsgesetz von 1951 und dem Betriebsverfassungsgesetz von 1952 ein Zusammenhang besteht, der Wesentliches über die von der Arbeiterklasse erkämpften Rechte aussagt: *sie werden unter bestimmten ökonomischen und politischen Machtverhältnissen durch Kampf oder klar erkennbare Vertragsmacht der Arbeiterorganisationen »erworben« und durch eine politische Gesamtordnung, deren demokratische Struktur in erster Linie von der Macht der organisierten Arbeiterschaft abhängt, garantiert.*

Solange es Klassengesellschaften gibt, sind erworbene Rechte gefährdet. Besonders in politisch stagnierenden Entwicklungsphasen, die bei ökonomischer Prosperität leicht den Eindruck eines stabilen und endgültigen »Klassengleichgewichts« erwecken können, weil neue Rechte und Lohnforderungen (auch Arbeitszeitverkürzungen) im allgemeinen nicht durch Streiks, sondern durch Verhandlungen durchgesetzt werden, ist es notwendig, daß in der Arbeiterbildung die ökonomische und politische Grundlage der erworbenen Rechte bewußt wird. Es muß auch gezeigt werden, daß die Rechte der Arbeiter stets Kompromisse oder, wie nach Perroux sämtliche Institutionen, Waffenstillstandsbedingungen sind, die eine begrenzte Dauer haben.[11] Wer in das System der Rechte hineinwächst, wie das bei jungen Gewerkschaftsmitgliedern der Fall ist, die selbst den nur teilweise erfolgreichen Kampf für die Mitbestimmungsrechte im Bergbau und in der eisen- und stahlerzeugenden Industrie nicht mehr erlebt haben, wird nur schwer einsehen, warum sie immer aufs neue erkämpft werden müssen. Auch kann die Notwendigkeit mächtiger Gewerkschaften nur eingesehen werden, wenn sie als Träger dieses Kampfes erkannt und anerkannt werden. Auf jeden Fall könnte ein Arbeitsrechtslehrgang, der die Analyse der gesellschaftlichen Voraussetzungen des geltenden Arbeitsrechts mit einbezieht, dem einzelnen klarere Vorstellungen über die politischen und ökonomischen Machtverhältnisse in der Weimarer Republik und im Dritten Reich vermitteln als Grundlehrgänge, die sozialgeschichtliche und allgemeine sozialpolitische Themen gesondert abhandeln; denn die Rückbeziehung von Informationen aus diesen Bereichen auf die unmittelbaren Interessen der einzelnen stößt auf sehr viel größere Schwierigkeiten.

Die arbeitsteilige Trennung von Recht, Politik und ökonomischen Interessen, die in der akademischen Wissenschaftsorganisation ihre wissenschaftliche Begründung erhält und von da, vermittelt und bestätigt durch die Gewerkschaftsorganisation selber, auf die Arbeiterbildung einwirkt, wird von den Arbeitern im allgemeinen als eine Scheindifferenzierung durchschaut. Aber sie sind nicht imstande, die wahren Zusammenhänge soziologisch zu begreifen.

Gerade im Mitbestimmungsrecht, das, wie alle erworbenen Rechte der Arbeiterschaft, trotz aller kritischen Einwände nicht rückgängig zu machen ist, kommt die Zwiespältigkeit der rechtlichen Institutionalisierung des Klassengegensatzes zum Ausdruck. Die Erklärung des Mitbestimmungsrechts führt notwendig auf die Analyse der politischen Gesamtverfassung einer bloß formalen Demokratie, der die demokratische Verfügung und Kontrolle über die Wirtschaft fehlt. Die als unmittelbares Mitspracherecht von den Arbeitern verstandene Mitbestimmung, deren Idee heute offenbar Ausdruck der Bewußtseinslage eines erheblichen Teils der Arbeiterschaft ist,[12] wird allgemein als ein Politikum angesehen; sie wird entsprechend dem Informationsniveau des einzelnen in ein Kontinuum von betrieblichen und allgemeinen Fragestellungen eingeordnet. Obwohl die Mitbestimmung als ein dem »Kapital« abgepreßtes Recht im allgemeinen bejaht wird, erfährt der einzelne am Arbeitsplatz doch, daß er nur höchst vermittelt und nur über vorgeschriebene Gegenstände mitbestimmen kann; die fortschreitende Desillusionierung der Arbeiter über die Unternehmensmitbestimmung ist nicht zu übersehen. Die Situation als formal freier Staatsbürger ist davon nicht grundsätzlich unterschieden. Nicht nur kann das Mitbestimmungs-

und Betriebsverfassungsgesetz mit dem Grundgesetz verglichen werden, sondern sie können beide, weil ihre Entstehung und Anwendung von derselben machtpolitischen Situation abhängt, mit der Verfassungswirklichkeit konfrontiert werden. Erst wenn das Arbeitsrecht in das gesamte Rechtssystem der Gesellschaft eingeordnet und sein Klasseninhalt sowie die ihm zugrunde liegenden Produktionsverhältnisse analysiert sind, verliert der politische Unterricht seinen bloß formalen Charakter. Ohne eine solche Rückbeziehung auf das Arbeitsrecht und damit auf die unmittelbaren Interessen des Arbeiters kann der ganze Bereich des öffentlichen Rechts, zu dem nach verschiedenen Theorien das moderne Arbeitsrecht ohnehin gehört, in seiner Bedeutung für den einzelnen nicht wirklich verständlich gemacht werden. In der Tat beschränken sich die gewerkschaftlichen Grundlehrgänge heute meist darauf, die formalen Prinzipien der Gewaltenteilung, die Funktionen des Parlaments, des Bundespräsidenten und so weiter darzulegen, ohne den Widerspruch aufzudecken, der zwischen dem bürgerlichen Formalrecht, der formalen Gleichstellung der Rechtssubjekte und der Staatsbürger und den wirklichen, durch das Kapitalverhältnis vergegebenen Abhängigkeiten der Arbeiter besteht.

Ein anderer Gesichtspunkt, der sich aus der Entfaltung des Arbeitsrechts ergibt, betrifft die Formen des Eigentums. Obwohl das Privateigentum an Produktionsmitteln kaum noch, wie in der bürgerlichen Ideologie des 19. Jahrhunderts, als eine Naturkategorie angesehen wird, da sich vielfältige kollektive Formen des Eigentums herausgebildet haben, die mit dem ökonomischen Fortschritt durchaus vereinbar sind, wird es doch im Westen und insbesondere in der Bundesrepublik so sehr mit politischer Freiheit gleichgesetzt, daß eine Analyse der gegebenen rechtlichen und soziologischen Grundlagen des Privateigentums unbedingt notwendig ist.[13] Die Wandlungen der Eigentumsformen großer Unternehmungen durch die ökonomische Machtkonzentration können deutlich machen, daß die privatrechtliche Grundlage des Eigentums in einer Zeit, die immer mehr durch das Kollektivrecht bestimmt wird, zur bloßen Ideologie werden muß.[14]

Der Vergleich mit historisch entstandenen und vergangenen Eigentumsformen sowie mit dem Kollektiv- und Staatseigentum der östlichen Systeme kann einer Entfaltung der soziologischen Phantasie der Arbeiter dienen, die imstande wäre, die bestehende Eigentumsordnung als ganze in Frage zu stellen. Wenn den Arbeitern verständlich gemacht wird, daß die privatrechtliche Grundlage der Eigentumsordnung die gesellschaftliche Entwicklung und die vernünftige Verfügung über den gesellschaftlichen Reichtum behindert, so könnte das ihre Bereitschaft erhöhen, aktiv für die qualitative Verbesserung der Mitbestimmung bis hin zur Realisierung der Arbeiterselbstverwaltung einzutreten. Auch wird dadurch die Ideologie des Miteigentums, das den Arbeiter nur um so fester an die bestehende Herrschaftsordnung binden soll, in historischer und soziologischer Perspektive durchsichtig.

Das Arbeitsrecht verweist jedoch nicht nur auf die Verfassung, den ökonomischen und politischen Gesamtzustand der Gesellschaft, die Eigentumsformen, sondern auch auf die soziologische Struktur der Rechtsprechungsorgane. Zur Erklärung eines einzelnen Urteils bedarf es häufig einer Institutionsanalyse, einer Kenntnis der Zusammenhänge der Gerichte, deren formale Unabhängigkeit nicht verhindert, daß die ohnehin im Rahmen der bestehenden Machtverhältnisse zustandegekommenen Gesetzesnormen nunmehr auch nach Maßstäben der gegebenen Ordnung ausgelegt und angewandt werden. Eine solche parteiliche Interpretation des Rechts ist allein schon durch das intakte System der »Berufsvererbung« der Richter gesichert, deren Klassenpositionen in der Bundesrepublik unerschüttert sind. Wenn Ralf Dahrendorf feststellt, daß sich fast alle Richter aus den oberen Schichten rekrutieren, nur ein einziger von 856 Richtern der Oberlandesgerichte einen ungelernten oder angelernten Arbeiter zum Vater hat, also aus einer Berufsgruppe stammt, die über ein Drittel der Bevölkerung ausmacht, daß jeder vierte Richter aus einer Juristenfamilie und jeder zweite aus einer Beamtenfamilie kommt, so hat das für die gesamte Rechtspraxis, welche den Arbeiter am Arbeitsplatz und im privaten Bereich betrifft, eine erhebliche Bedeutung. Die Richter, die für die Erhaltung des sozialen Status quo eintreten und eine prinzipielle Reserve gegenüber politischer Aktivität zeigen, haben in der Mehrzahl eine »staatskonservative« Haltung; sie respektieren die jeweils bestehende Autorität. Eine soziologische Analyse der Berufsgruppe der Richter gibt keine Anhaltspunkte dafür, daß die Richter mit der Arbeiterklasse und den Randschichten anders als im Gerichtssaal in Berührung kommen,[15] so daß ein wichtiges Element der »Klassenjustiz« zweifellos weiterbesteht.

Der Übergang vom Arbeitsrecht zur politischen Soziologie beruht keineswegs auf einer Konstruktion, sondern ergibt sich zwingend aus der Sache, wenn man arbeitsrechtliche Fragen nicht willkürlich auf die von den akademischen Disziplinen festgelegten Grenzen beschränkt. Eine Reihe anderer Probleme, wie das der Ideologie, der Kriminalität als juristisches und soziologisches Phänomen und so weiter ergeben sich aus der exemplarischen Entfaltung der Rechtsverhältnisse; jede aufmerksame Zeitungslektüre führt auf den Begriff der Ideologie, der in seinem auf die Rechtfertigung von Herrschaftsverhältnissen bezogenen Bedeutungsgehalt nicht verstanden wird, auf Gerichtsurteile, die aus Mangel an soziologischer Bildung nicht kritisiert werden können.

Trotzdem könnte gegen eine exemplarische Stoffgliederung des Arbeitsrechts der Einwand gemacht werden, daß es dem Gewerkschaftsfunktionär vor allem auf die Aneignung arbeitsrechtlicher Kenntnisse und auf deren Verwertung ankomme; die zusätzlichen Einsichten in gesellschaftliche Zusammenhänge würden nur sein Gedächtnis belasten und keinen praktischen Nutzen haben. Dieser Einwand übersieht, daß im exemplarischen Unterricht keineswegs auf die Vermittlung von Informationen verzichtet wird. Nur dienen die Informationen lediglich dazu, gesellschaftliche Zusammenhänge aufzudecken. Die Schulung der soziologischen Denkweise hat geradezu den Zweck, verständnisschwaches Lernen von Informationen durch die Schaffung von Aufnahmestrukturen im Individuum für die selbständige Aneignung und Verarbeitung von Informationen zu überwinden. Wer einen einzigen exemplarisch entfalteten Gegenstand wirklich verstanden hat, wird leicht imstande sein, sich zur Erweiterung des Wissens Informationen über spezielle Bereiche zu verschaffen; wer dagegen mit in der Regel halbverstandenen Kenntnissen Lehrgänge verläßt, wird weder das Bedürfnis haben, in Zeitungen, Zeitschriften und Büchern für erkannte Zusammenhänge nach neuen Beweisstücken zu suchen, noch imstande sein, gelernte Gesetzesbestimmungen anzuwenden. Exemplarisch gegliederte Lehrbücher für das Arbeitsrecht müßten sowohl im Unterricht wie im Selbststudium als Grundlage dienen. Im Fall, daß der Arbeiter wirklich Rat braucht, wird er sich an den Rechtsschutzsekretär der Gewerkschaft wenden. Zweifellos sind nach wie vor Spezialisten für das Arbeitsrecht erforderlich; aber es geht hier vor allem um die exemplarische Ausbildung derjenigen, die, gleich auf welcher Ebene, am politischen Kampf der Arbeiterschaft aktiv teilnehmen.

3. Am Beispiel der Technik

Im Unterschied zum Themenkomplex Arbeitsrecht, der wichtiger Bestandteil der gegenwärtigen Organisation der Arbeiterbildung ist, scheint die Behandlung von Problemen, die den technischen Fortschritt, Mechanisierung und Automation betreffen, in ihrer praktischen Bedeutung für die soziale Orientierung und das politische Bewußtsein der Arbeiter noch nicht erkannt zu sein. Was heute von Spezialreferenten für Automation in Lehrveranstaltungen mitgeteilt wird, kann in der Tat nur dazu dienen, den bedrohlichen, naturwüchsigen Charakter der Technik zu bestärken. Da man nicht imstande ist, die Technik als Teil einer spezifischen Organisation der Gesellschaft, also soziologisch zu begreifen, erschöpfen sich die Referate über Automation in der Konstruktion künftiger technischer Möglichkeiten. Trotzdem wird die Technik als ein soziologisches Phänomen an Bedeutung gewinnen, je mehr sie den Menschen von der Arbeit entlastet; denn die bisher durch Arbeit vermittelte Berührung mit den technischen Apparaturen muß nunmehr durch technische Bildung gleichsam künstlich hergestellt werden, damit sich die über die technischen Machtmittel verfügenden gesellschaftlichen Kräfte, die ihre Positionen ohnehin immer mehr durch besondere technologische Qualifikationen rechtfertigen, demokratischen Kontrollen nicht gänzlich entziehen können. Nur in dem Maß befreit sich der Mensch von der Technik, wie er sie durch Einsicht in ihre Strukturen und durch planenden Eingriff kontrolliert.

Aus mehreren Gründen ist daher ein exemplarischer Unterricht erforderlich, der den Bereich der Technik zum Ausgangspunkt hat. Zunächst erlaubt die Antwort auf die Frage nach dem Stand der technischen Produktivkräfte die Bestimmung der objektiven Möglichkeit der realen Bedürfnisbefriedigung der Menschen, die Konkretisierung des historisch legitimierten Maßstabs der Kritik an den bestehenden Verhältnissen; selbst wenn die Entfaltung der Produktivkräfte in den spätkapitalistischen Systemen, wie Hans Paul Bahrdt zeigt,[16] keineswegs mehr linear-naturwüchsig verläuft, sondern politisch motivierte Investitionen in den Sektoren der Grundlagenforschung, der Militärtechnik, der Atomforschung und so weiter immer größeres Gewicht erlangen, verliert der Widerspruch zwischen Produktivkräften und Produktionsverhältnissen nicht seine fundamentale Bedeutung für die gesellschaftliche Entwicklung.

Was den exemplarischen Bildungswert der Technik anbetrifft, so zeigen Untersuchungen, daß das Stichwort technischer Fortschritt bei den Arbeitern zahlreiche, die Situation des Arbeitsplatzes überschreitende Vorstellungen über Krieg, Arbeitsmarktlage, Arbeitslosigkeit und so weiter hervorruft. »Eine Fülle von Assoziationen stellt sich ein, Perspektiven aller Art eröffnen sich und sprengen den Gesichtskreis des Arbeitsplatzes und des Betriebes. Die Äußerungen gewinnen dadurch von vornherein einen größeren Spielraum, der nicht nur die Mannigfaltigkeit und Komplexität der vorhandenen Vorstellungen, sondern … auch die typischen Befürchtungen zum Ausdruck kommen läßt, die der Arbeiter mit den Maßnahmen der Rationalisierung verbindet.«[17] Für die Arbeiterbildung bedeutet die Verbindung der Technik mit gesamtgesellschaftlichen Erscheinungen, daß die Arbeiter fähig und bereit sind, alle aus dem Thema technischer Fortschritt entfalteten soziologischen Erscheinungen auf ihre unmittelbaren Interessen rückzubeziehen.

Wie das Arbeitsrecht erweist sich die Technik als eine wichtige Vermittlungsebene zwischen unmittelbaren Interessen und gesamtgesellschaftlichen Erscheinungen, zwischen Betrieb und Gesellschaft; in Beziehung auf ihren exemplarischen Bildungswert zeigt sie jedoch besondere Merkmale. Die soziologische Behandlung der Auswirkungen technischer Veränderungen, Mechanisierung und Automation, kann sich auf eine in der technischen Intelligenz als der »Präzisierung einiger Denkformen, mit denen sich der gesunde Menschenverstand in der Welt zu orientieren pflegt«,[18] begründete Chance des Transfers stützen. Dieser Transfer besteht darin, daß die in einem Gegenstandsbereich ausgebildeten kognitiven Fähigkeiten sehr leicht auf andere Bereiche übertragen werden können. Da die Facharbeiter, deren Bedeutung in den fortgeschrittenen Industriezweigen zunimmt und deren Arbeitsfunktionen weit mehr als Bewegungsgeschicklichkeiten und eingeschliffene Arbeitsgesten erforderlich machen, meist eine »sehr genaue Vorstellung vom Sinn einer Hypothese, eines Experiments, einer modellartigen Abstraktion« besitzen,[19] müßte die Arbeiterbildung an diese zunächst technisch gebundenen Fähigkeiten anknüpfen, um sie für weitergehende Bildungsprozesse nutzbar zu machen. Wenn auch der Tendenz nach die in Handwerksberufen gewonnene intime Materialkenntnis, die Kenntnis der Stoffbeschaffenheit des Materials, seiner Formbarkeit abnimmt, so daß an die Stelle differenzierter Materialkenntnis, wie sie noch Marx zur Aufschlüsselung der Sprengkraft der gesellschaftlichen Produktivkräfte bedurfte, immer mehr »technische Sensibilität«, technische Qualifikationen treten, so erhöht diese Distanz zum Material, die Abstraktion von spezifischen Materialien gleichzeitig doch die Übertragungsmöglichkeit des Gelernten. Gerade weil keine unmittelbare Übertragung der technischen Intelligenz auf kritische, soziologische Intelligenz möglich ist – die gänzliche Aufhebung der Transferschranken wäre erst durch eine polytechnische Erziehung in einer vernünftig organisierten Gesamtgesellschaft zu erreichen –, muß der Themenbereich technischer Fortschritt (oder Automation) exemplarisch entfaltet werden.

Indem Lehrgänge der Arbeiterbildung unmittelbar an technische Kenntnisse und Fähigkeiten der Arbeiter aus dem Erfahrungsbereich des Arbeitsplatzes anknüpfen, so daß sie in gelenkten Gruppendiskussionen zunächst ihre eigenen Vorstellungen über technische Probleme und deren gesellschaftliche Bedeutung darlegen, wird auch ein pädagogischer Effekt erzielt. »... durch die lebendige Verbindung zwischen Schule und Produktion verliert das schulische Lernen mehr und mehr den Erlebnisgehalt einer formalen und lebensfremden Bildungssituation und nicht zuletzt den Charakter des Selbstzwecks und wird vielmehr als eine sinnvolle ... Tätigkeit erkannt. Das alles wird aber offensichtlich die Lernmethoden des Schülers grundlegend verändern.«[20] Von der technischen Entwicklung aus lassen sich konkrete Beziehungen zu ökonomischen Verhältnissen, der Verteilung des gesellschaftlichen Reichtums auf die verschiedenen gesellschaftlichen Bereiche (Staatsausgaben für Rüstungszwecke, Einsatz der technischen Produktivkräfte im privaten und öffentlichen Sektor usw.), zum Phänomen der Arbeitslosigkeit, dem Widerspruch zwischen industriellen Kräftezentren und Nationalstaat herstellen, ohne daß die Interessenbasis und der unmittelbare Erfahrungsbereich des Arbeiters gänzlich verlassen wird.

Die politische Funktion der Technik und der Naturwissenschaften kann in diesem Zusammenhang ebenso analysiert werden wie neue Kooperationsformen im Arbeitsprozeß und die Veränderungen der Leistungsansprüche der Maschinen und Apparate; physiologische und psychologische Erscheinungen, etwa die Entstehung sozialer Schizophrenien auf Grund der Trennung von körperlicher und geistiger Arbeit, können durch die exemplarische Entfaltung des Themenbereichs Technik in einen einheitlichen Verstehenszusammenhang gebracht werden und dem einzelnen das soziologische Verständnis von Phänomenen erleichtern, die für sein Leben und für die Gesellschaft von zunehmender Bedeutung sind. In einer umfangreichen, für das Verständnis der sozialen Folgen der technischen Entwicklung grundlegenden Untersuchung haben Schumann und Kern zudem auf Tendenzen hingewiesen, durch die eine technisch vermittelte Differenzierung von Arbeitsfunktionen immer größere Bedeutung für das Bewußtsein der Arbeiter gewinnt und die traditionellen Identifikationskriterien (Kollektiv der Arbeit und des Schicksals), damit aber auch die Einheit der Arbeiterklasse als einer Klasse von Lohnabhängigen aufzulösen droht.[21]

Schon die an exemplarischen Prinzipien orientierte Erörterung der Themenbereiche »Arbeitsrecht« und »Technik« macht deutlich, daß die Bestimmung des exemplarischen Bildungswertes jedes einzelnen Faches der Arbeiterbildung von spezifischen inhaltlichen Analysen ausgehen muß: Konflikte, Interessen, kognitive und sprachliche Voraussetzungen müssen ebenso bekannt sein wie die Entwicklungstendenzen der Gesellschaft, aus denen die Erziehungsziele abgeleitet werden können.

Die schwierige Aufgabe einer exemplarischen Reorganisation des gesamten Lehrstoffs der gewerkschaftlichen Bildungsarbeit kann daher nur durch die kritische Sozialforschung angeleitet werden; ohne sie wird es nicht möglich sein, die Arbeiter zu soziologischem Denken und damit politisch zu erziehen; ohne sie wird es nicht möglich sein, die innergewerkschaftliche Demokratie zu stabilisieren und die

Gesamtgesellschaft zu demokratisieren: das eine ist ohne das andere nicht zu erreichen.

Harold Laski hat diesen Zusammenhang auf eine prägnante Formel gebracht. »Zunächst müssen die Gewerkschaften in sich demokratisch sein. Dann müssen sie in der Lage sein, ihre Macht wirksam auf der politischen Ebene auszuspielen. Wenn es eine ernsthafte Schwäche in einer dieser beiden Fragen gibt, würde der gesamte Aufbau der Demokratie in Gefahr sein. Um ganz offen zu sein: Sie ist jetzt in Gefahr. Sie ist weniger in Gefahr durch die extreme Linke als durch diejenigen, die die extreme Linke zum Schutze der Demokratie – wie sie sagen – vernichten wollen.«[22]

Ausgewählte Literatur

Adorno, Theodor W., »Tabus über dem Lehrberuf«, in: *Neue Sammlung,* 5. Jahrg., 1965, S. 487 ff.

ders., »Lehrer und Philosophie«, in: *Neue Sammlung,* 2. Jahrg., 1962, S. 101 ff.

Andrieux, Andrée/Lignon, Jean, *L'ouvrier d'Aujourd'hui,* Paris 1960.

Becker, Egon/Herkommer, Sebastian/Bergmann, Joachim, *Erziehung zur Anpassung – Politische Bildung in den Schulen – Eine Soziologische Untersuchung,* Schwalbach bei Frankfurt 1967.

Bernstein, Basil, »Sozio-kulturelle Determination des Lernens«, *Kölner Zeitschrift für Soziologie und Sozialpsychologie,* Sonderheft 4, 1959.

ders., »Some Sociological Determinants of Perception«, in: *The British Journal of Sociology,* 1958 (IX).

Braun, Siegfried, *Zur Soziologie der Angestellten,* Frankfurt/M. 1964.

Brock, Adolf u. a., *Themenkreis Betrieb,* Hefte 1–4: 1. »Industriearbeit und Herrschaft«, 2. »Der Konflikt um Lohn und Leistung«, 3. »Die Interessenvertretung der Arbeitnehmer im Betrieb«, 4. »Die Würde des Menschen in der Arbeitswelt«, Frankfurt/M. 1971.

Budde, Heinz, *Arbeitnehmerschaft in der Industriegesellschaft,* Essen 1971.

Doerry, Gerd, »Zur Didaktik der universitären Erwachsenenbildung«, in: *Neue Sammlung,* 5. Jahrg., 1966, S. 352 ff.

ders., »Gedanken zum wissenschaftlichen Unterricht an der Volkshochschule«, in: *Berliner Arbeitsblätter für die Volkshochschule,* Heft IX, 1958.

Edelstein, Wolfgang, »Exemplarisches Lernen«, *Schriftenreihe der Odenwaldschule,* Heft 18.

Feidel-Mertz, Hildegard, *Zur Ideologie der Arbeiterbildung,* Frankfurt/M. 1964.

Festinger, Leon, *A Theory of Cognitive Dissonance,* Stanford University Press, 1957.

Fischer, Wolfgang K. H., »Die amerikanische Lehrmaschine«, in: *Neue Sammlung,* 1. Jahrg., 1961.

Fodor, J. A. and Katz, J. J. (eds.), *The Structure of Language, Readings in the Philosophy of Language,* Englewood Cliffs, Prentice Hall, 1964. Daraus insbesondere Chomskys grundlegende Kritik an Skinner: N. Chomsky, »A review of B. F. Skinners ›Verbal Behavior‹«.

Freudenstein, Reinhold, »Stand und Entwicklung der Language Laboratories in den Vereinigten Staaten«, in: *Neuere Sprachen,* August 1960, Heft 8.

Gerner, Berthold (Hrsg.), *Das exemplarische Prinzip,* Darmstadt 1966.

Gorz, André, *Die Aktualität der Revolution,* Frankfurt/M. 1970.

ders., *Zur Strategie der Arbeiterbewegung im Neokapitalismus,* Frankfurt/M. 1967.

Grimm, Susanne, *Die Bildungsabstinenzen der Arbeitnehmer – eine soziologische Untersuchung,* München 1966.

Habermas, Jürgen, »Soziologische Notizen zum Verhältnis von Arbeit und Freizeit«, in: *Konkrete Vernunft, Festschrift für Erich Rothacker,* Bonn 1958.

Hermes, Gertrud, *Die geistige Gewalt des marxistischen Arbeiters und die Arbeiterbildungsfrage,* Tübingen 1926.

Hochheimer, Wolfgang, »Zur Tiefenpsychologie des pädagogischen Feldes«, in: *Die Deutsche Schule,* 51. Jahrg., 1959.

Hoggart, Richard, *The Uses of Literacy. Aspects of Working Class Life,* London 1959.

Kern, Horst / Schumann, Michael, *Industriearbeit und Arbeiterbewußtsein,* Frankfurt/M. 1970.

Kofler, Leo, *Der proletarische Bürger,* Wien 1966.

Korsch, Karl, *Arbeitsrecht für Betriebsräte (1922),* Frankfurt/M. 1968.

Lawton, P., »Social class differences in group discussions«, in: *Language and Speech,* 6, 1963.

ders., »Social class differences in group discussions«, in: *Language and Speech,* 7, 1964.

Lukács, Georg, »Zur Frage der Bildungsarbeit«, in: *Jugend-Internationale,* 2. Jahrg., Heft 7, 1921.

ders., »Geschichte und Klassenbewußtsein«, Berlin 1923.

McCarthy, Dorothea, »Language development in children«, in: Leonard Carmichael (ed.), *Manual of Child Psychology,* New York, 2nd. ed. 1954, Ch. 9.

Miller G. A., »Some preliminaries to psycholinguistics«, in: *American Psychologist,* 20, 1965, pp. 15–20.

Oevermann, Ulrich, »Sprache und soziale Herkunft«, Frankfurt/M. 1967 (unveröffentlichte Dissertation).

Popitz, H. / Bahrdt, H. P., u. a., *Das Gesellschaftsbild des Arbeiters,* Tübingen 1957.

Raapke, Hans-Dietrich / Leuschner, Joachim, »Zur Didaktik wissenschaftlicher Seminare in der Erwachsenenbildung«, in: *Kulturarbeit,* Heft 5 (1963) und Heft 9 (1963).

ders. / Skowronek, Helmut u. a., *Seminarkurse. Die Mitarbeit der Universität an der Erwachsenenbildung,* Hannover 1962.

Reich, Wilhelm, *Massenpsychologie des Faschismus, 1933.* Zahlreiche Raubdrucke.

Reichwein, Regine, »Sprachstruktur und Sozialschicht«, in: *Soziale Welt,* Jahrg. 18 / 1967, Heft 4.

Riemann, Christa, *Der Kommunikationsfluß von einer Gewerkschaftsleitung zu ihren Funktionären über das Medium einer Zeitschrift und die Aufnahme des Kommunikationsinhaltes durch die Funktionäre,* Diss. Köln 1964.

Roth, Heinrich, *Pädagogische Psychologie des Lehrens und Lernens,* Hannover 1957.

Schulenberg, Wolfgang, *Ansatz und Wirksamkeit der Erwachsenenbildung, Eine Untersuchung im Grenzgebiet zwischen Pädagogik und Soziologie,* Stuttgart 1917.

Schumann, Michael u. a., *Am Beispiel der Septemberstreiks – Anfang der Rekonstruktionsperiode der Arbeiterklasse?, Eine empirische Untersuchung,* Frankfurt/M. 1971.

Seifert, Jürgen, »Verfassungsregeln im politischen Konflikt«, in: *Vorgänge,* Heft 9/1969.

Siegel, Rolf, »Erste Umrisse einer Technologie des Unterrichts«, in: *Neue Sammlung,* 5. Jahrg., 1964, S. 1930 ff.

Steiner, Hellmut, *Soziale Strukturveränderungen im modernen Kapitalismus. Zur Klassenanalyse der Angestellten in Westdeutschland,* Berlin 1967.

Stendenbach, Franz Josef, *Soziale Interaktion und Lernprozesse,* Köln 1963.

Strzelewicz, Willy/Raapke, Hans-Dietrich/Schulenberg, Wolfgang, *Bildung und gesellschaftliches Bewußtsein,* Stuttgart 1966.

Tietgens, Hans, »Bildungsvorstellungen und Gesellschaftsbild«, in: *Volkshochschule im Westen,* Heft 2, 1964.

ders., *Lernen mit Erwachsenen. Von den Arbeitsweisen der Erwachsenenbildung,* Braunschweig 1966.

Vinnai, Gerhardt, *Fußballsport als Ideologie,* Frankfurt/M. 1970.

Wanka, Gisela, »Zum Problem des Exemplarischen in Geschichte und Dichtung«, in: *Neue Sammlung,* 6. Jahrg., 1966, S. 385.

Weitsch, Eduard, *Dreissigacker. Die Schule ohne Katheder,* Hamburg 1952.

Wuthe, Gerhard, *Gewerkschaften und politische Bildung,* Hannover 1962.

Fremdwörter- und Begriffserläuterungen[1]

absorbieren aufsaugen, voll in Anspruch nehmen.

abstrus verworren, sinnlos.

Absurdität Unsinn, Widersinn.

adäquat angemessen.

additiv ein Verfahren, das Einzelheiten, ohne eine mehr als äußerliche Beziehung zwischen ihnen herzustellen, aneinanderreiht; die Einzelheiten werden als in sich geschlossene Einheiten betrachtet, die zu einer Menge addiert werden können; das Ganze gilt einem solchen Verfahren als die Summe dieser aufgereihten Teile.

agieren handeln, tätig sein.

alternativ das Verhältnis von entweder / oder zwischen zwei wählbaren Möglichkeiten oder Zuständen.

Ambivalenz Doppelwertigkeit; in der Psychologie wird etwa die Haßliebe als Ausdruck einer ambivalenten Einstellung bezeichnet.

Analogie Entspechung, Ähnlichkeit, Gleichheit von Verhältnissen, die die Übertragung von Kenntnissen, Erfahrungen und Regeln von einem Zusammenhang auf einen anderen erlaubt. In der Rechtswissenschaft zum Beispiel die Anwendung eines für einen bestimmten Tatbestand erlassenen Gesetzes auf einen anderen, ähnlichen Tatbestand.

Antagonismus ein Gegensatz von Interessen, die unter den gegebenen sozialen Bedingungen unvereinbar sind; ein Widerspruch, der sich im Rahmen der bestehenden Gesellschaft nicht lösen läßt: zum Beispiel der dem Kapitalismus eigentümliche Gegensatz, der sich aus den einander entgegengesetzten Interessenlagen von Kapital und Lohnabhängigkeit, von Herrschaft und Emanzipation ergibt.

Antizipation Vorwegnahme; vor allem im Sinne der *theoretischen* Vorausnahme der gesellschaftlichen Verhältnisse einer künftigen freien Gesellschaft, die *praktisch* erst erkämpft werden muß.

Apathie Teilnahmsloigkeit, Gleichgültigkeit; hier vor allem das fehlende politische Interesse und die mangelnde Bereitschaft, sich zugunsten der Durchsetzung eigener Interessen und der Befriedigung individueller und kollektiver Bedürfnisse an politischen Aktionen zu beteiligen.

Appetenz – Aversion Im Verhalten besteht ein Unterschied zwischen Tendenzen, die sich auf die Erreichung eines bestimmten, für erstrebenswert gehaltenen Zieles richten (Appetenz), und solchen, die der Vermeidung gefürchteter Eventualitäten – zum Beispiel Schmerz, Lächerlichkeit, Mißbilligung – dienen (Aversion). Bei Versuchsanordnungen mit Tieren spricht man von Appetenz, wenn die Größe des Hungers, von Aversion, wenn die Intensität des zu erwartenden elektrischen Schlages das Verhalten eines Tieres überwiegend bestimmt. Häufig bestehen innere Konflikte zwischen Aversion und Appetenz im Verhalten.

Artikulation deutliche Gliederung des Gesprochenen, eine der Besonderheit des Gegenstandes entsprechende Äußerungsweise; hier: sprachlich differenzierte, genau begründete Formulierung eigener Interessen und Bedürfnisse.

A (Autoritarismus)-Skala / F (Faschismus)-Skala *F-Skala* ist ein Forschungsinstrument zur indirekten Messung des Vorhandenseins faschistischer Vorurteile und ein Meßinstrument zur Feststellung faschistischen Verhaltens. Die F-Skala sollte die Empfänglichkeit für faschistische Propaganda messen und zwar indirekt, ohne die ausdrückliche Erwähnung offener Vorurteile in den gestellten Fragen. Die F-Skala ermöglicht es, nicht nur die Richtung der Einstellung, sondern auch deren Intensität zu erneuern. Die Skala wurde im Zusammenhang der empirischen Forschungen über die »Autoritäre Persönlichkeit« in den USA von einer Forschungsgruppe unter der Leitung von Theodor W. Adorno entwickelt. Ziel der Forschung war es, mit Hilfe der F-Skala Elemente der Entstehung autoritätsgebundener Charakterstrukturen aufzuzeigen.

Die *A-Skala* ist eine Um- beziehungsweise Neuformulierung der auf die Verhältnisse in den USA zugeschnittenen F-Skala für die Verhältnisse in der Bundesrepublik. Untersucht werden soll der Bodensatz nationalsozialistischen Denkens und Handelns; auch die gegenwärtigen, vom Status quo der Anpassung an die Regeln der parlamentarischen Demokratie bestimmten Formen autoritärer Einstellungen und Verhaltensweisen werden analysiert.

Autodidakt ein durch Selbststudium Lernender.

autonom selbständig, unabhängig.

Aversionsverhalten auf Abneigung, Widerwillen gegründetes Verhalten. Vgl. Appetenz – Aversion.

Barriere Hürde, Schranke.

Behaviorismus Forschungsrichtung in der Psychologie, die im allgemeinen als Verhaltenslehre bezeichnet wird. Sie arbeitet mit Reiz-Reaktions-Modellen und begreift Denken lediglich als andeutungsweises Handeln. Sie beschränkt sich auf die bloße Beobachtung der sichtbaren Reaktionen von Mensch und Tier. Die sprachliche Dimension des Selbstbewußtseins und der Selbstreflexion ist für diese Forschungsrichtung von untergeordneter Bedeutung.

de facto tatsächlich.

definitorisch einer festgelegten Begriffsbestimmung entsprechend.

Deformation (Deformierung) Verunstaltung, negative Formveranderung.

Desillusionierung Zerstörung einer trügerischen Hoffnung.

deskriptiv beschreibend; im Unterschied zur theoretischen Analyse eine unmittelbare Beschreibung von Vorgängen und Zuständen. Eine analytische Verfahrensweise sprengt demgegenüber die unmittelbaren, sinnlich wahrnehmbaren Vorgänge auf, um sie in allgemeinere Zusammenhänge einordnen zu können. Die formalanalytische Wissenschaftssprache bedient sich der Abstraktion, der Klassifikation von Erkenntnisgegenständen und der Definition von Begriffen.

Desorientierung Verwirrung, Richtungslosigkeit, Verlust des Wissens um das Ziel und/oder den Weg.

Dialektik eine von Hegel und Marx entwikkelte Denkweise, die die innere Widersprüchlichkeit der Dinge und der Gedanken begreift und auf diese Weise das Einzelne in den bestimmten historisch-sozialen Zusammenhang seiner Veränderung zu erfassen sucht.

Dichotomie Zweiteilung; hier: eine Auffassung, derzufolge die Gesellschaft in ein ›Oben‹ und ›Unten‹ gespalten ist, wobei häufig angenommen wird, das sei in jeder Gesellschaft so und könne nicht anders sein. Durch diese falsche Vorstellung wird der einzelne unfähig, die Objektrolle, in die er durch die Lebensbedingungen der Klassengesellschaft hineingezwungen wird, aktiv und mit dem Ziel der Abschaffung von Herrschaft zu überwinden.

Das dichotomische Bewußtsein charakterisiert heute die gesellschaftliche Selbsteinschätzung eines großen Teils der Arbeiterklasse in den kapitalistischen Industriegesellschaften.

Didaktik Spezialzweig der Pädagogik, der sich mit den Regeln und Methoden des Lehrens und Lernens beschäftigt. Zu ihr gehört die sachgemäße Aufbereitung und Darlegung des Lehrmaterials, der Lehrstil (autoritärer Lehrvortrag oder Gruppendiskussion zum Beispiel); neuerdings gibt es zahlreiche Ansätze in der Didaktik, auch Überlegungen zu den Bildungsinhalten und zu den soziologischen Voraussetzungen der Lernenden in die Methodendiskussion einzubeziehen.

didaktischer Objektivismus eine auf bloße Methoden und Regeln zurückgeführte, den Naturwissenschaften entsprechende Verfahrensweise in der Pädagogik, die weder die subjektiven Voraussetzungen des Lernens noch die Lerninhalte und Lernziele berücksichtigt.

Differenzierung ins einzelne gehende Unterscheidung, genaue Bestimmung der besonderen Merkmale des Gegenstandes einer Analyse.

diffus zerstreut, ungeordnet, verschwommen, nicht abgegrenzt.

Dimension Ausdehnung, Raum; auch: besonderer Bereich eines umfassenden, übergreifenden Problemzusammenhangs, zu dessen Verständnis es oft besonderer analytischer Verfahren bedarf.

Direktive Anordnung, Richtlinie.

disponibel verfügbar, der Verfügungsgewalt zugänglich.

Dispositionsspielraum bezeichnet den Umkreis von möglichen Tätigkeiten, die der Arbeiter relativ frei selber bestimmen kann. Reflexreaktionen, wie sie häufig bei Fließbandarbeit auftreten, bilden den eigentlichen Gegenbegriff zum Dispositionsspielraum; durch derartige Reaktionen wird der Freiheitsspielraum für individuelle Entscheidungen gänzlich aufgehoben.

Distanzierungskriterium Abgrenzungsmerkmal.

dogmatisch streng auf Lehrsätze sich berufend, ohne deren Geltungsbedingungen unter den jeweiligen Bedingungen zu untersuchen.

Effektivität Wirksamkeit.

egalitär Bezeichnung für politische Bewegungen, die auf die Herstellung der Gleichheit der von Herrschaft befreiten Menschen gerichtet sind.

Elementarbildung Grundausbildung.

Emanzipation Überwindung eines Zustands von Herrschaft und Abhängigkeit; Freisetzung nicht-manipulierter Bedürfnisse und Abschaffung von Unterdrückung, Unterordnung; Auflösung von Vorurteilen; Selbstbestimmung statt Fremdbestimmung.

eminent hervorragend, von besonderer Bedeutung.

empirisch nur auf Tatsachen, auf besondere Tatbestände, wie sie statistisch oder durch das Instrumentarium der Sozialforschung erfaßt werden können, beschränkt; oft ohne angemessene Berücksichtigung von Ursachen und inhaltlichen Widersprüchen der behandelten Gegenstände.

Entpragmatisierung bezeichnet einen Prozeß, der das Denken und Handeln aus dem System verkürzter, auf unmittelbaren Nutzen innerhalb der gegebenen Ordnung beschränkter Beziehungen zwischen den Zielen und Bedingungen des Handelns herauslöst.

Entspezialisierung Überwindung der arbeitsteilig verfestigten speziellen Qualifikationen.

etablieren einrichten, errichten, fest verankern.

Evasionisten Mitglieder einer gesellschaftlichen Gruppe, die eine Befreiung aus dem Arbeiterdasein durch Ausweichen auf die Lebensweise von Bauern, Handwerkern und Besitzern von Kleingewerbebetrieben zu erreichen suchen.

exemplarisch von Einzelerscheinungen ausgehend gesellschaftliche Prozesse und Strukturen erklären, an einzelnem wesentliche Elemente des Gesamtzusammenhangs deutlich machen.

Exkurs Anhang zu einer wissenschaftlichen Abhandlung, eine über die systematisch gegliederte Behandlung eines Themas hinausgehende, für den Problemzusammenhang gleichwohl wichtige Erläuterung; begründete Abschweifung.

explizit ausdrücklich, benannt, deutlicher Inhalt einer Aussage.

Exploitation von Marx häufig gebrauchter ökonomischer Ausdruck für Ausbeutung, die auf der entschädigungslosen Aneignung des Mehrwerts beruht.

expressive Symbole durch Sprache oder Bilder vermittelte Zeichen, die in besonderem Maß gefühlsmäßig besetzt sind.

extensiv ausgedehnt weitläufig; extensive Ausbeutung der Arbeitskraft im Gegensatz zur intensiven: zunächst wurde die Arbeitskraft extensiv durch langen Arbeitstag und schwere körperliche Arbeit genutzt; infolge der technologischen Entwicklung und mit der wachsenden Bedeutung der Angestellten-Tätigkeiten in Staats- und Unternehmensverwaltung, im Handel und in verschiedenen Dienstleitungsbereichen wurde zur intensiven Nutzung der Arbeitskraft übergegangen: große Anspannung aller Fähigkeiten und Verausgabung von Energien während einer kürzeren Zeit, Produktivitätssteigerung um jeden Preis, detailliertere Leistungskontrolle, häufig größere Verantwortung und zugleich minutiöse Vorschriften über den Arbeitsgang.

extrafunktional nicht nur auf besondere berufliche Verrichtungen beschränkt, außerhalb der speziellen Berufsfunktion.

Fetischismus (➛Verdinglichung) Fetischverehrung in primitiven Völkern. Fetisch ist ein Gegenstand, dem magische, göttliche Kaft zugesprochen wird. Hier im Marxschen Sinn des Warenfetischs: Er entsteht, wenn die Produkte menschlicher Arbeit vorwiegend Warenform annehmen. Das ›Geheimnisvolle‹, der ›Fetischismus‹ der Warenform besteht nach Marx darin, »daß sie dem Menschen die gesellschaftlichen Charaktere ihrer eigenen Arbeit als gegenständliche Charaktere der Arbeitsprodukte selbst, als gesellschaftliche Natureigenschaften dieser Dinge zurückspiegelt…« (»Kapital I«, S. 78). Die gesellschaftlichen Beziehungen erscheinen den Produzenten als »sachliche Verhältnisse der Personen und gesellschaftliche Verhältnisse der Sachen« (Ebd.).

Fixierung Festhalten, Festgemachtes; auch: starre Orientierung auf eine Person oder eine gewohnte Verhaltensweise.

flexibel wandlungsfähig.

formal auf äußerliche Formen beschränkt.

Fragmentierung etwas in seine Einzelteile zerlegen und diese voneinander und vom Zusammenhang isoliert betrachten; Auflösung in nicht mehr miteinander verbundene Teile.

Frustration Enttäuschung bei Nichtbefriedigung von Wünschen und Bedürfnissen; Enttäuschung, wenn die Erfüllung von Wünschen beziehungsweise Bedürfnissen versagt bleibt.

Fundamentalnorm grundlegende Regel.

funktional nur die begrenzte unmittelbare, meist technische Verwendbarkeit betreffend; auf das möglichst reibungslose Ineinandergreifen bestimmter Teilprozesse oder -funktionen gerichtet, häufig ohne Berücksichtigung und Reflexion der Zielsetzung des Gesamtprozesses.

Geschichtsmetaphysik eine Auffassungsweise von der Geschichte, derzufolge die Entwicklung (jenseits jeder möglichen Erfahrung) logisch verbürgt ist. Es gibt keine Brüche und keine Katastrophen, die sich nicht innerhalb dieses von der Logik gestifteten Zusammenhangs erklären ließen; der logische Zusammenhang verleiht den Zuständen und Prozessen ihren Sinn. Im schärfsten Gegensatz zur Geschichtsmetaphysik steht die materialistische Geschichtsauffassung von Marx und Engels.

Gestus Haltung, Gebärde, Ausdrucksbewegung des Körpers.

Gratifikation freiwillige Vergütung, Entschädigung, Sonderzuwendung eines Betriebes; allgemein auch: gesellschaftliche Zuwendungen, Belohnung für Wohlverhalten im Sinne der gesetzten Normen, Entschädigung für Verzicht auf die Befriedigung anderer Bedürfnisse.

Gruppendynamik Forschungsrichtung der Sozialpsychologie, die die Veränderungen in den individuellen Beziehungen innerhalb von Gruppen untersucht. Kurt Lewin, der die Gruppendynamik begründete, untersuchte zum Beispiel Freizeitgruppen männlicher Jugendlicher, in denen der Führungsstil (autoritär, demokratisch, laissez-faire) planmäßig variiert wurde. Die Gruppendynamik entstand als Reaktion auf die traditionelle Massenpsychologie. Es ist eine ihrer wichtigsten Thesen, daß zwischen bisher isolierten Personen, wenn sie gemeinsamen Aufgaben gegenüberstehen, im Zuge der Steigerung ihrer Aktivität der Kontakt zunimmt, damit in der Regel aber auch die Sympathie. Sie beginnen daher, sich und ihresgleichen einer ›Wir-Gruppe‹ zuzurechnen.

habitualisieren zur festen Gewohnheit machen.

Homogenität Gleichartigkeit; Homogenität der Teilnehmer von Lehrveranstaltungen bedeutet, daß sie ähnliche Bildungsvoraussetzungen (in der Regel also auch soziale Voraussetzungen) mitbringen.

Ideenassoziation verschiedene Ideen, die einem auf einen bestimmten Anstoß hin einfallen; Vorstellungsbündel.

Ideologie falsches Bewußtsein. Ideologien enthalten einen Wahrheitsanspruch, der in der gesellschaftlichen Realität nicht eingelöst ist; sie dienen deshalb der Rechtfertigung und Verschleierung der bestehenden gesellschaftlichen Herrschaftsverhältnisse. Im Allgemeinen bezeichnet man als Ideologien geistige Gebilde, Ideen (zum Beispiel Freiheit, Gleichheit), deren Abhängigkeit von den gesellschaftlichen Entstehungs- und Verwirklichungsbedingungen nicht durchschaut wird.

ideomatisch die einem einzelnen, einer Gruppe oder Klasse eigentümliche sprachliche Ausdrucksweise. Hier wird der Begriff ›ideomatisch‹ vor allem für die Sprachbesonderheiten der Arbeiterklasse verwendet.

imaginär eingebildet, scheinhaft.

Imitation Nachahmung.

inferior unterlegen, geringerwertig, untergeordnet.

in nuce im Kern, in Kürze, auf das Wesentliche konzentriert.

Institutionalisierung etwas in eine gesellschaftlich anerkannte feste oder starre Form bringen.

integral ein zusammenhängendes Ganzes ausmachend.

Intellektualisierung hier: Verwissenschaftlichung; Steigerung der Arbeitsqualifikationen.

Intention Absicht, Vorhaben.

intentionaler Erziehungsprozeß ein Lernprozeß, der durch das formale Lehrer-Schüler-Verhältnis bestimmt ist (in dem das Lernziel und die Methode des Lernverfahrens weitgehend vom Lehrer – meist allein – bestimmt und ein festgelegtes Ziel verfolgt wird) – *funktionaler Erziehungsprozeß* bezeichnet demgegenüber eine Form des Lernens, die sich aus der Arbeitssituation, aus Umwelteinflüssen (in Gruppen, Kampfsituationen, durch Massenmedien und so weiter) ergibt. Beide Erziehungsprozesse sind freilich nie völlig voneinander zu trennen.

Interaktion aufeinander bezogenes Handeln zwischen einzelnen Individuen.

Internalisierung Vorgang, durch den man im Verlauf der Sozialisation und der Erziehung in der Gesellschaft verbreitete Regeln und Vorstellungen als für die eigene Person gültige anerkennt und als verbindliche Richtlinien übernimmt. Die Herausbildung des Gewissens zum Beispiel beruht weitgehend auf dieser Verinnerlichung gesellschaftlicher Wertvorstellungen und Verhaltensregeln – vor allem in der Kindheit über die Anweisungen und das Verhalten der Eltern. Soziale Normen und Forderungen anderer werden in die individuelle Psyche hineingenommen, werden zu Faktoren scheinbar ganz individueller und unbeeinflußt ›von Innen‹ gespeister und ausgerichteter Verhaltensantriebe und -steuerungen.

kasuistisches Lernen von einzelnen, mehr oder minder zerstreuten Fällen ausgehendes Lernen. Im Unterschied dazu wird *kategoriales Lernen* als ein Lernen verstanden, das auf die Aneignung von Grundbegriffen, Prinzipien und Methoden zur Untersuchung eines Gegenstandes gerichtet ist.

kognitive Dissonanz auf Vorstellungen und Erkenntnisse im einzelnen Bewußtsein bezogene Unstimmigkeiten, Widersprüche, die zu inneren Konflikten führen. Wörtlich heißt ›kognitiv‹: die Erkenntnis betreffend – im Unterschied zu Gefühl und sinnlicher Wahrnehmung.

Kommunikation Verbindung, Mitteilung; Prozeß, in dem eine Verständigung zwischen den Teilnehmern erreicht werden soll, versucht wird, daß der Empfänger einer Mitteilung diese so versteht, wie der Absender sie gemeint hat.

kompensatorisch, Kompensation ausgleichen, entschädigen. Psychologisch: Streben nach Ersatzbefriedigung; zum Beispiel indem Minderwertigkeitsgefühle durch Vorstellungen und Handlungen ausgeglichen werden sollen, die das Bewußtsein der Vollwertigkeit erzeugen.

komplementär ergänzend, den anderen Teil eines Bezugspaares oder Ganzen ausmachend.

Komplexität Gesamtheit verschiedener Merkmale einer Sache, die nicht mit einfachen Formeln zu erklären ist.

Konformismus Geisteshaltung, Verhaltensweise, die um Anpassung an die Forderungen der herrschenden Gewalten und an die geltenden Normen bemüht ist; Anpassungsbereitschaft aus Angst vor dem Risiko autonomer Verhaltenssteuerung.

Konfrontation Gegenüberstellung.

Konservatismus Bestrebung zur Aufrechterhaltung bestehender politischer und gesellschaftlicher Zustände.

konstatieren feststellen.

Konstitutionalismus ursprünglich: rechtliche, verfassungmäßige Beschränkung der Herrschaftsgewalt des Monarchen, Bindung von Herrschaft an Recht und Gesetz, vor allem zur Durchsetzung und Sicherung der bürgerlichen Grundrechte.
Karl Korsch spricht von einer Tendenz zum ›gewerblichen Konstitutionalismus‹ und meint damit die zunehmende Einschränkung der autokratischen Herrschaftsgewalt der Unternehmer in den kapitalistischen Industriebetrieben.

kontinuierlich stetig, ohne Unterbrechung.

Korrelation (korrelieren) das Aufeinanderbezogensein von zwei Größen oder Begriffen; speziell der Zusammenhang zwischen statistischen Ergebnissen, der durch Wahrscheinlichkeitsrechnung ermittelt wird.

Kriterien Unterscheidungsmerkmale, Kennzeichen.

latent – manifest versteckt, verborgen, unterschwellig – offenbar, deutlich erkennbar, offensichtlich.

›learning environment‹ englischer Fachausdruck für Lernmilieu, wozu hier in erster Linie die Familie gezählt wird. Vor allem in den ersten Lebensjahren des Kindes hat die Lernumgebung entscheidenden Einfluß auf die intellektuelle und gefühlsmäßige Entwicklung des Kindes.

Legalität Gesetzestreue, Bindung an Recht und Gesetz.

legendär legendenhaft, sagenhaft.

Legitimation Rechtfertigung.

libidinös die sexuelle Lust betreffend, durch Sexualtrieb bedingt, auf Bedürfnisbefriedigung und Triebentspannung gerichtet.

linear geradlinig.

Loyalitätsbindung meist rational nicht vollständig begründbare Bindungen an bestehende Organisationen, Parteien, Regierungen und einzelne Führerfiguren. Loyalität hat einen doppelten Sinn: zum einen meint sie regierungstreu, Treue gegenüber der herrschenden Gewalt, zum anderen anständig, redlich, verläßlich. Loyalitätsbindungen zeigen sich häufig als von der Interessenlage unabhängig.

manifest s. latent – manifest.

materialistische Geschichtsauffassung von Marx und Engels begründete Methode der Analyse gesellschaftlicher Verhältnisse und Prozesse, die alle gesellschaftlichen Lebenserscheinungen in der besonderen Weise des Produktionsprozesses des materiellen Lebens begründet sieht. Der materielle Lebensprozeß wird als Basis der Geschichte angesehen.

materiell-elementar die grundlegenden Existenzmittel der Menschen betreffend.

Medium Instrument der Übermittlung, Träger einer Mitteilung.

Minorität Minderheit.

modifizieren abwandeln (unter Beibehaltung der Grundstruktur).

Motivation (Lernmotivation) Bedingung seelischer Geschehnisse, Beweggrund, Antrieb, Ursache, Zweck.

narzißtisch sich selbst bewundernd und in den Mittelpunkt stellend, vorwiegend an der Selbstbestätigung orientiert.

naturrechtlich der Theorie des Naturrechts entsprechend, die nur das für Recht hält, was in der Natur der menschlichen Vernunft oder in der äußeren Natur begründet ist.

Negation Verneinung, Ablehnung.

Norm Regel, Richtschnur, gesellschaftliche Verpflichtung zu bestimmtem Verhalten bei Strafandrohung im Fall von Abweichung.

normativ eine Norm begründend, Regeln setzend.

objektive Möglichkeit eine Möglichkeit, die sich im Lauf der Geschichte ergeben hat, im Zug der gesellschaftlichen Entwicklung realisierbar geworden ist und die unabhängig vom Wissen und Wollen einzelner Menschen besteht.

Objektivismus wissenschaftliche Betrachtungsweise, die in der Geschichte und in der Gesellschaft vom Menschen unabhängige Kräfte oder Gesetzmäßigkeiten am Werk sieht.

ökonomisch nur auf die wirtschaftlichen Ziele beschränkt. Ökonomisches Denken wird von der revolutionären Arbeiterbewegung kritisiert, weil es auf den kapitalistischen Rahmen materieller Verbesserung der Situation der Arbeiter beschränkt ist.

Paria-Mentalität Paria ist die in Europa übliche Bezeichnung für einen kastenlosen Inder, der keinen Platz in der hierarchisch gegliederten Gesellschaft hat, sondern sozial unterhalb der Kastenhierarchie rangiert. Übertragen: von der menschlichen Gesellschaft Ausgestoßener, Entrechteter. Paria-Mentalität bedeutet: die resignative Gesinnung und Selbsteinschätzung von Menschen, die keinen Ausweg mehr aus ihrer Situation sehen, sich ihrer Hoffnungslosigkeit wegen für Aktionen irgendwelcher Art keine Chancen auf Erfolg mehr ausrechnen. Stumpfes, passives Sichabfinden mit der eigenen Situation.

partikular einzeln, einen besonderen Teil betreffend.

Peculium Geld.

permanent dauernd, ununterbrochen.

personale Beziehungen Beziehungen von Person zu Person, persönliche Beziehungen.

Personalisierung gesellschaftliche Verhältnisse und Zusammenhänge werden ursächlich auf Personen zurückgeführt – falsches Bewußtsein, dem die Verkehrung der wirklichen Zusammenhänge zugrunde liegt. Verdinglichung des Denkens und Personalisierung gesellschaftlicher Verhältnisse sind zwei Seiten derselben Sache: des von der Produktionsweise und also den Produktionsverhältnissen bedingten falschen Bewußtseins.

Perzeptionssystem der ganze Apparat von Intellekt, Wahrnehmung und Sprache, der die Beziehungen des Individuums zur Umwelt vermittelt.

Phänomenologie bloße Aufzeichnung und Betrachtung der Erscheinungen, des Gegebenen unter Vernachlässigung der Entstehungsbedingungen und der inhaltlichen Widersprüche und Tendenzen.

physiologisch die Lebensvorgänge im Organismus betreffend.

pluralistisch aus einer Vielheit unterschiedlicher Interessen bestehend, die angeblich in angemessener Weise (›Gemeinwohl‹) zum Ausgleich gebracht werden können.

Polarisierung (der Klassengesellschaft) Ausrichtung der gesellschaftlichen Kräfte nach zwei von gegensätzlichen Interessen bestimmten Seiten hin. Es erfolgt zum Beispiel in Krisensituationen eine Umorientierung der Mittelschichten und der Intellektuellen auf die Klasse der Kapitalisten oder auf die Arbeiterklasse hin.

polytechnische Erziehung Verbindung von Bildung und Ausbildung auf allen Ebenen mit produktiver Arbeit. Sie dient dem Zweck, durch das Erwerben von technologischem Grundwissen und durch die konkrete Vermittlung von Ausbildung und Arbeit in ihrem tatsächlichen sozialen Zusammenhang bornierte Arbeitsteilungen – insbesondere auch die zwischen geistiger und körperlicher Arbeit – im Sinne der allseitigen Entfaltung der menschlichen Fähigkeiten so weit wie möglich aufzuheben.

Positivismus Wissenschaft, die sich auf die Feststellung und Interpretation nur des statistisch Erfaßbaren und als Tatbestand Festzustellenden beschränkt.

Postulat-Pädagogik eine Erziehungslehre, die weder ihre gesellschaftlichen Voraussetzungen noch die der Realisierung ihrer Prinzipien erkennt, sondern nur Ziele und Forderungen formuliert.

Pragmatisierung etwas ohne theoretische Reflexion und Berücksichtigung umfassender Zusammenhänge auf seinen unmittelbaren Nutzen hin ausrichten.

Pragmatismus Lehre, die Wert oder Unwert des Denkens und Handelns danach bemißt, ob es zur Erreichung vorgegebener Ziele praktisch von Nutzen ist, ohne die Ziele auf historische Zusammenhänge zu beziehen und in Frage zu stellen.

Präferenz Vorrang.

präformieren vorbilden, vorprägen.

prekär heikel, schwierig, bedenklich.

primär vorrangig, zunächst.

Privatisierung Hinwenden zum Privaten.

Privileg Vorrecht, Bevorzugung.

progressiv fortschreitend; Einstellung, die gegenüber Traditionsverbundenen und Konservativen auf gesellschaftlichen Fortschritt im Sinn der Lösung der sozialen Konflikte zugunsten eines größeren Maßes an Freiheit drängt, Demokratisierung unterstützt.

Proportion Größenverhältnis.

prosperieren gedeihen, vorankommen.

protektive Mechanismen bewußte oder unbewußte Schutzmaßnahmen, die der Aufrechterhaltung des psychodynamischen Gleichgewichts des Individuums dienen, zum Beispiel selbstauferlegte Informationssperren, Lernhemmungen.

psychische Disposition das Vorhandensein und die Ausprägung der psychischen Eigenschaften, deren es bedarf, um bestimmte Erlebnis- und Verhaltensweisen, auch Fähigkeiten und Fertigkeiten zu entwickeln.

Psychoanalyse Verfahren zur Untersuchung psychischer Prozesse, die anderen Methoden kaum zugänglich sind, da sie sich wesentlich unbewußt vollziehen oder aber von unbewußten Motiven bestimmt werden; entwickelt von Sigmund Freud.

psychodynamisches Gleichgewicht Gleichgewicht der seelischen Kräfte und Antriebe.

Psycholinguistik Wissenschaft von den seelischen und intellektuellen Voraussetzungen der individuellen Sprachentwicklung.

Rationalisierung doppelte Bedeutung: Im ökonomisch-technischen Sinn – wirksame, das heißt vor allem kostensparende Organisation von Arbeitsvorgängen und Produktionsprozessen. In der Tiefenpsychologie – Scheinmotivation, nachträgliche Scheinbegründung für bestimmte Handlungen, deren eigentliche (trieb-ökonomische) Bedeutung und Zielsetzung nicht voll ins Bewußtsein dringen soll, ›Innere Ausrede‹.

Rationalität Vernünftigkeit.

Realisierung Verwirklichung.

Reduktion Zurückführung, Verminderung.

reduzieren zurückführen, vermindern.

Reflexion Denken, das nicht nur auf äußere Objekte gerichtet ist, sondern seine eigenen Voraussetzungen begreift, sich auf sich selber richtet, die Beziehungen zwischen dem Erkenntnisobjekt und dem Erkenntnisprozeß sowie dessen Bedingungen analysiert, das vergleicht und prüft. Reflexion und Selbstreflexion sind nur schwer voneinander zu trennen.

Reflexreaktion s. Dispositionsspielraum.

Rekonstitution Wiederherstellung; hier im Sinn der Neubegründung der Marxschen Gesellschaftstheorie; häufig auch Bezeichnung für Wiederherstellung der Voraussetzungen (monopol-)kapitalistischer Profitmaximierung nach dem Zweiten Weltkrieg (Rekonstitutionsperiode).

relevant erheblich, wichtig.

Relikt Überbleibsel.

Reorganisation Neuordnung.

Reorientierung Neuorientierung.

repetitiv wiederholend, auf Wiederholung beruhend; besonders in der Industriesoziologie gebrauchte Bezeichnung von Arbeitsverfahren, die durch monotone Wiederholung einzelner Arbeitsakte charakterisiert sind. Fließbandarbeit ist größtenteils repetitive Teilarbeit.

Reproduktion Wiedergabe, Nachbildung; immer erneute Wiederherstellung der Voraussetzungen und Ablaufbedingungen bestimmter gesellschaftlicher Prozesse.

Revision erneute Durchsicht, Überprüfung und Korrektur oder Änderung.

Revisionismus Richtung innerhalb der Arbeiterbewegung, die die marxistische Strategie des Klassenkampfes ersetzt durch eine reformistische Taktik, die sich mit systemimmanenten Reformen im Rahmen der gegebenen, von den Produktionsverhältnissen inhaltlich bestimmten Verfassungsordnung begnügt, auf die Veränderung der Gesellschaftsstruktur verzichtet.

Selektion Auslese.

Sensibilität Empfindsamkeit, Feinfühligkeit.

Sozialisation nicht zu verwechseln mit Sozialisierung, der Vergesellschaftung der Produktionsmittel. Sozialisation bezeichnet den Gesamtprozeß des Aufbaus der Person, der Verinnerlichung von Sprachverhalten, gesellschaftlichen Verhaltensregeln und so weiter – den Prozeß der Eingliederung des einzelnen in den sozialen Zusammenhang, der Entwicklung seiner gesellschaftlich für nützlich gehaltenen Fähigkeiten und die Anpassung des einzelnen an die gesellschaftlichen Lebensbedingungen.

spezifisch was einer Sache ihrer Eigenart nach zukommt, was die Besonderheit einer Sache ausmacht oder ihr entspricht.

Sphäre Wirkungskreis.

stagnieren stocken, sich festfahren, in einem bestimmten Zustand verharren.

Status Stellung in der gesellschaftlichen Hierarchie.

Status quo ein jeweils gegebener Zustand.

Statusunsicherheit von Statusunsicherheit spricht man, wenn Position und gesellschaftliches Ansehen einer Berufsrolle fragwürdig werden. Das gilt heute zum Beispiel für den Beruf des Lehrers, aber auch für einzelne Gruppen der qualifizierten Facharbeiter, deren Stellung durch technologische Veränderungen des Produktionsprozesses bedroht ist.

Stereotyp wörtlich: mit feststehender Schrift gedruckt, unauslöschbar; allgemein: feststehend, unveränderlich; im übertragenen Sinn: ständig wiederkehrend, abgedroschen; auch: hartnäckiges Vorurteil, das sich der rationalen Auflösung und Revision wiedersetzt, Vorstellungsklischee.

stilisieren die Formen überbetont ausarbeiten, bestimmte Formen übermäßig herausstellen.

strukturell die Struktur der Gesellschaft betreffend, den Aufbauprinzipien der Gesellschaftsordnung entsprechend.

strukturelle Konflikte Konflikte, die sich aus Art und Aufbau der Gesellschaft ergeben, in den fundamentalen Widersprüchen der Organisation sozialer Prozesse begründet sind.

strukturieren mit einer bestimmten Struktur versehen, Verhältnisse in einer bestimmten Weise ordnen; eine Organisation des gesellschaftlichen Lebens schaffen, die dem einzelnen und seiner Tätigkeit zunächst (anscheinend unabänderlich) vorgegeben ist und die besonderen Verhältnisse in einzelnen Teilbereichen wesentlich bestimmt.

stupid stumpfsinnig, beschränkt.

Sublimierung Bezeichnung für einen unbewußten Prozeß, in dessen Verlauf die Energie des Sexualtriebs von seiner ursprünglichen Richtung so abgelenkt wird, daß er zu einer nichtsexuellen Handlung führt, die anderen Menschen zugute kommt, die Richtung des Triebes so verändert wird, daß er sich in soziokulturell sinnvollen Tätigkeiten umsetzen, die Triebspannung sozial produktiv abbauen und dem einzelnen auf diese Weise Befriedigung verschaffen kann.

Subjekt der mit Bewußtsein handelnde Mensch oder die bewußt handelnde Gruppe, die ihre Interessen durchsetzen und die geschichtliche Entwicklung nach ihrem Willen vorantreiben.

subjektiv den individuellen Vorstellungen entsprechend.

Subkultur Lebensformen und -gewohnheiten von einzelnen Gruppen in der Gesellschaft (zum Beispiel die der Jugend).

Substanzialisierung einem Begriff oder Zusammenhang eine fundamentale, wesentliche Bedeutung zumessen, die ihm nicht zukommt. Der dem Begriff Substanz entgegengesetzte Begriff ist der des Akzidens: das Zufällige, das eine Sache nicht in ihrem Wesen charakterisiert.

Symptom Merkmal, Kennzeichen, Ausdrucksform eines über eine Einzelheit hinausreichenden ursächlichen Zusammenhangs, Anzeichen für etwas dem unmittelbaren Zugriff oder Einblick Entzogenes.

Syndikalismus sozialrevolutionäre Bewegung mit dem Ziel, die Produktionsmittel durch die Arbeiter oder durch eigenständige Gewerkschaften zu übernehmen und durch die betriebsbezogenen organisierten Syndikate, die Belegschaften verwalten zu lassen. Im Gegensatz zum ›Staatssozialismus‹ und der Forderung, die politische Macht als erstes zu erringen, propagiert der Syndikalismus eine Art ›Gewerkschaftssozialismus‹ oder Gruppensozialismus, der die Sozialrevolution von den einzelnen Betrieben ausgehend verwirklichen will.

systemimmanent Aktionen oder Vorstellungen, die das bestehende kapitalistische Herrschaftssystem nicht überschreiten. Eine systemimmanente Politik ist nicht mit einer

Politik gleichzusetzen, die sich auf Reformen stützt. Man muß zwischen systemsprengenden und systemerhaltenden Reformen unterscheiden.

Technokratie wörtlich: Herrschaft der Techniker; allgemein wird als technokratisch eine Denk- und Verhaltensweise bezeichnet, die sich wesentlich an einem technologisch verkürzten Verständnis der Realität und der Entwicklungsmöglichkeiten orientiert, in Übereinstimmung mit angeblich wert- und herrschaftsneutralen ›Sachgesetzlichkeiten‹ (sogenannter ›Sachzwang‹) zu handeln vorgibt. Technokratisches Denken übersieht, daß diese ›Sachgesetzlichkeiten‹ stets Bestandteil konkreter Herrschaftsverhältnisse sind, sich über den angeblichen ›Sachzwang‹ Herrschaft durchsetzt, ohne daß noch so offensichtlich wäre wie unter den früheren gesellschaftlichen Verhältnissen. Technokratisches Denken ist eine der verschiedenen Variationen verdinglichten Bewußtseins, setzt sich allerdings zur Zeit mehr und mehr als herrschende Ideologie durch. Es hat zum Ziel das reibungslose Funktionieren bestimmter Abläufe (betriebsökonomisch, gesellschaftlich, politisch), ohne noch die Zielsetzungen inhaltlich zu überdenken oder die Interessen und Bedürfnisse der Betroffenen zu berücksichtigen (zum Beispiel in der Regionalplanung, Unternehmensplanung, Wirtschaftspolitik). Gefordert wird die Anpassung aller an einem Prozeß Beteiligten (besser: der von diesem Betroffenen) an die angeblich von der – abstrakten – technischen Rationalität empfohlenen und von der Technik vorgegebenen Existenzbedingungen. Technologie und technischer Fortschritt, deren soziale Dimension ausgeklammert bleibt oder sozialtechnisch verkürzt und verfälscht interpretiert wird, sollen die gesellschaftliche Entwicklung bestimmen.

Topik (aus dem Griechischen) die Lehre von den Gemeinplätzen. In der neueren Sprach- und Literaturwissenschaft: festes Klischee, traditionsgemäßes Denk- und Ausdrucksschema einzelner Gruppen, Schichten und Klassen.

Topos bestimmte gedankliche oder sprachliche Form, Redewendung, festes Klischee im Sprachgebrauch, formelhafte Wendung, Gemeinplatz. Mehrzahl: Topoi.

Totalität Vollständigkeit, Gesamtheit, in sich widersprüchlicher Zusammenhang aller Teilbezüge und besonderen Verhältnisse.

traditionell der Überlieferung entsprechend, herkömmlich.

Transfer Übertragung des in einer Aktionsweise Gelernten auf andere Problemsituationen, zum Beispiel die Übertragung der von einem Facharbeiter im Umgang mit Maschinen und Material ausgebildeten Fähigkeiten auf den Bereich gesellschaftlicher Einsichten und Erkenntnisse. Grundsätzlich ist der Erziehungsprozeß des Individuums als ein Vorgang aufzufassen, in dem früheres Lernen auf die Möglichkeit eines späteren Lernens durch positiven oder negativen Transfer (begünstigend oder hemmend) nachwirkt.

Typologie Einteilung nach bestimmten, einen besonderen Typus bezeichnenden Merkmalen.

universalisieren einzelnen Erscheinungen das Allgemeine zuordnen.

Universum das zu einer Einheit zusammengefaßte Ganze, in dem das einzelne seinen bestimmten Platz hat.

verbalisieren sprachlich formulieren; eine Empfindung, einen Gedanken sprachlich zum Ausdruck bringen; ›verbal‹ häufig auch mit leicht negativer Bedeutung: nur mit Worten (etwa in dem Vorwurf des bloß verbalen Radikalismus).

verbale Differenzierung Besonderheiten und Unterschiede durch eine Vielfalt von Begriffen genau bezeichnen und zum Ausdruck bringen.

Verdinglichung (➛Fetischisierung): Von verdinglichtem Denken kann man sprechen, wenn die Begriffe, Erkenntnisse und Gegenstände außerhalb ihrer gesamtgesellschaftlichen Zusammenhänge und ihres geschichtlichen Entstehungsprozesses wie ihrer geschichtlichen Veränderung mit den gesellschaftlichen Verhältnissen behandelt werden. Die Verdinglichung der gesellschaftlichen Beziehungen und des Denkens entsteht nach Marx durch die Ausbreitung der Warenproduktion, durch die Warenform des Produkts, in der der Gebrauchswert an Bedeutung für den Tausch und also die Realisierung des Tauschwerts verliert; das bedingt das Verschwinden qualitativer Bestimmungen hinter quantitativen und die Verdrängung konkreter gesellschaftlicher Prozesse (etwa die besondere Weise der Herstellung eines Produktes in arbeitsteiliger Kooperation vieler unter der Herrschaft einiger) zugunsten abstrakter Begriffe und Ideologien aus dem Bewußtsein.

Zirkulation der Prozeß von Tausch und Verkehr.

Anmerkungen

VORWORT ZUR ÜBERARBEITETEN NEUAUSGABE (1973)

1 Elmar Altvater, »Produktive und unproduktive Arbeit als Kampfbegriffe, als Kategorien zur Analyse der Klassenverhältnisse und der Rreproduktionsbedingungen des Kapitals«, in: *Sozialistische Politik,* Nr. 8, September 1970, S. 62.

2 Vgl. Uwe Henning, »Integrationpädagogik – Irrwege gewerkschaftlicher Bildungsarbeit«, in: *Anpassung oder Widerstand? Gewerkschaften im autoritären Staat,* 1969, S. 147.

3 Vgl. Rainer Kabel, »Weg zur Aufklärung. Neue Ansätze zur Bildungstheorie«, in: *Vorwärts,* Nr. 27, vom 4. Juli 1968.

4 Vgl. Brock u. a., »Themenkreis ›Betrieb‹«, 4 Bde., Frankfurt/M. 1971 (Europäische Verlagsanstalt); Melanie Hartlaub/Michael Läpple, »Die Möglichkeiten des exemplarischen Lernens in der Sozialarbeiterausbildung« (Manuskript).

DIE AUSGANGSSITUATION

1 Vgl. Heinrich Roth, »Die realistische Wendung in der pädagogischen Forschung«, in: *Neue Sammlung,* 2. Jahrg. 1962, S. 481 ff.

2 Seit Jahren versuchen Hans Tietgens für die Volkshochschulen (vgl. insbesondere sein unveröffentlichtes Gutachten: »Warum kommen wenig Industriearbeiter in die Volkshochschule?«), Heinz Dürrbeck, Hans Matthöfer und Albert Schenger für die Bildungsarbeit der IG Metall, Werner Vitt, Hermann Rappe und Hinrich Oetjen für die Bildungsarbeit der IG Chemie soziologische und sozialpsychologische Erkenntnisse zu verwenden, um die Bildungsarbeit von ihren Voraussetzungen und Zielen her neu zu bestimmen.

3 Adolf Brock, mit dem ich alle hier behandelten Probleme eingehend erörtert habe, schulde ich Dank für zahlreiche Hinweise und Anregungen.

4 Vgl. Siegfried Braun, *Zur Soziologie der Angestellten,* Frakfurt/M. 1964; die bisher bedeutendste Analyse der Angestelltensituation ist zweifellos die Untersuchung von Hellmut Steiner, *Soziale Strukturveränderungen im modernen Kapitalismus. Zur Klassenanalyse der Angestellten in Westdeutschland,* Berlin 1967.

5 Gerhard Wuthe, »Gewerkschaften und politische Bildung«, Hannover 1962, S. 42.

6 Vgl. Hildegard Feidel-Mertz, *Zur Ideologie der Arbeiterbildung,* Frankfurt/M. 1964, insbesondere den interessanten Exkurs: »Über ›bürgerliche‹ und ›proletarische‹ Halbbildung«, S. 168 ff.

I. DIE SOZIOLOGISCHE NEUFORMULIERUNG DES EXEMPLARISCHEN PRINZIPS

1 Wolfgang Hochheimer, »Zur Tiefenpsychologie des pädagogischen Feldes«, in: *Die Deutsche Schule*, 51. Jahrg. 1959, S. 114.

2 Vgl. *Methodik der Erwachsenenbildung im Ausland, »Entaînement mental«, Arbeitsunterlagen für Volkshochschulen*, Heft 10.

3 In diesem Zusammenhang ist auch die zunehmende Bedeutung des programmierten Unterrichts zu erwähnen: die Ablehnung von Lehrmaschinen beruht häufig auf einem falsch verstandenen Bildungshumanismus; in der Diskussion über Lehrmaschinen spielt auch eine Art Existenzangst des Berufsstandes der Lehrer (wohl auch der Lehrer in den Institutionen der Erwachsenenbildung) eine Rolle. Für den Zweck der hier skizzierten exemplarischen Pädagogik kommt es vor allem darauf an, die Lehrmaschinen als nützliche Hilfsmittel verwendbar zu machen. Von anderen didaktischen Hilfsmitteln unterscheiden sie sich dadurch, daß die Maschine durch Programm und mögliche Rückkoppelungen in größeren und differenzierterem Maß als einzelne Lehrer die spezifischen Interessen, Erfahrungen, sprachlichen Voraussetzungen, Intelligenz und so weiter berücksichtigen kann. Das führt zweifellos zu einer Intensivierung des Lernens. Aber es darf nicht übersehen werden, daß das der Konstruktion von Lehrmaschinen zugrunde liegende Modell der herkömmlichen Lerntheorie, das sich wesentlich auf ein behavioristisches Reiz-Reaktionen-Schema stützt, von der modernen Psycholinguistik einer grundlegenden Kritik unterzogen worden ist (vgl. dazu: Chomskys Kritik an Skinner: »A review of B. F. Skinner's ›verbal behavior‹«, in: J. H. Fodor und J. J. Katz (Hrsg.), *The Structure of Language*, Prentice Hall 1964). Nach den jüngsten Untersuchungen beruht das Sprachverhalten auf der Beherrschung abstrakter Regeln, die in sozialen Interaktionen selbsttätig erworben und produktiv, ohne äußere Stimulierung, erweitert werden können. – Ein praktischer Einwand wiegt freilich schwerer: die künstliche, monologische Lernsituation, in die die Arbeiter durch Lernmaschinen gebracht werden, entzieht ihnen gerade jene Ebene der Interaktion, welche den größten Teil ihrer sozialen Lernprozesse bestimmt. Sinnvoll können Lernmaschinen nur als eine Art »Grundreiz« in den Lehrveranstaltungen verwendet werden; aber auch dann entlasten sie nicht von den inhaltlichen Problemen des exemplarischen Lernens. Wo ihre Programme auf die bloße Aneignung zerfaserter Informationen abgestellt sind, führen sie eher zur Blockierung als zur Förderung von Erziehungsprozessen.

4 Wolfgang Edelstein, »Exemplarisches Lernen«, *Schriftenreihe der Odenwaldschule*, Heft 18, S. 9.

5 Vgl. Wilhelm Flitner, »Der Kampf gegen die Stoffülle: Exemplarisches Lernen, Verdichtung und Auswahl«, in: *Die Sammlung*, 10. Jahrg. 1955, S. 556 ff.; die wesentlichen Beiträge zur Diskussion über das exemplarische Lernen sind in einer Aufsatzsammlung zusammengefaßt: Berthold Gerner (Hrsg.), *Das exemplarische Prinzip*, Darmstadt 1966.

6 Vgl. Heinrich Roth, »Orientierendes und exemplarisches Lernen«, in: *Pädagogische Psychologie des Lehrens und Lernens*, Hannover 1957, S, 183 ff.

7 Martin Wagenschein, *Zum Begriff des exemplarischen Lernens*, Weinheim 1951, S. 5.

8 Konrad Barthel, »Über exemplarisches Lernen im Geschichtsunterricht«, in: *Die Sammlung*, 11. Jahrg. 1956, S. 43.

9 a.a.O., S. 45.

10 Vgl. Hans Paul Bahrdt, »Soziologie und Bildung«, in: *Zeitschrift des Vereins Deutscher Ingenieure*, VDI-Z, Bd. 106, Dezember 1964.

11 C. W. Mills, *Kritik der soziologischen Denkweise*, Neuwied 1963, S. 44.

12 a.a.O., S. 41.

13 Helmut Krauch hat diesen Zusammenhang plastisch an der Teller-Pauling-Kontroverse über die Wirkung des radioaktiven Ausfalls erläutert. Vgl. »Technische Information und öffentliches Bewußsein«, in: *atomzeitalter*, September 1963, S. 235 ff.

14 Vgl. Lawrence Rogin, »Techniken und Methoden gewerkschaftlicher Bildungsarbeit in den Vereinigten Staaten«, in: *Gewerkschaftsnachrichten*, Nr. 33, S. 19 ff.

II. SOZIALE KONFLIKTBEREICHE DER INDUSTRIEARBEITER

1 Zum Problem der »Strukturierung« vgl. Gertrud Hermes, *Die geistige Gestalt des marxistischen Arbeiters und die Arbeiterbildungsfrage*, Tübingen 1926, S. 102 ff. Was hier auf die Angestellten und Kleinbürger bezogen wird – daß ihnen nämlich eine »Strukturierung« ihres Bewußtseins und ihrer Aktivität fehlt –, gilt heute ebenso für die Arbeiter; ihnen schreibt G. Hermes noch eine durch die Marxsche Theorie und durch die objektive Klassenlage gleichermaßen »strukturierte« Bewußtseinsverfassung zu. »Bei der Arbeiterschaft … sammelt sich unter dem ungeheuren und unentrinnbaren Druck des kapitalistischen Systems eine gewaltige Aktivität in einem einzigen Punkt zu ungeheurer Spannkraft. Diese Aktivität ist fest ausgerichtet.« (a.a.O., S. 125 ff.). – Die »Unstrukturiertheit« der heutigen Situation des Arbeiters enthält zweifellos Elemente, welche die Geschlossenheit des Gesellschaftsbildes gefährden und die Bildung von Klassenbewußtsein erschweren. Solange jedoch überhaupt noch ein Bedürfnis nach konsistenten Auffassungen besteht, solange der Zerfall des Gesellschaftsbildes als Mangel empfunden wird, besteht die Chance, dem drohenden desolaten Bewußtsein der Arbeiter durch kommunikative Erziehungsprozesse und durch die Erhöhung der politischen Aktionsbereitschaft entgegenzuwirken.

2 Vgl. dazu die interssante Untersuchung von Leo Kofler, »Zur Soziologie des Arbeiters«, in: *Schmollers Jahrbuch*, 78. Jahrg., Heft 5; vgl. auch seine jüngste Analyse: *Der proletarische Bürger*, Wien 1966.

3 Zum Problem der Integration des Arbeiters vgl. die Untersuchungen von John H. Goldthorpe, David H. Lockwood, Frank Beckhofer, Jessifer Platt, in: *The Affluent Worker, British Association for the Advancement of Sience*, Annual Meeting 1963, Cambridge 1st–8th September (Protokoll).

4 Zu den ersten und schärfsten Kritikern dieses politisch folgenreichen Vorurteils gehörte Wilhelm Reich. Vgl. vor allem seine Schrift: *Dialektischer Materialismus und Psychoanalyse*, o.J.

5 Franz Joseph Stendenbach, *Soziale Interaktion und Lernprozesse*, Köln 1963, S. 265.

6 Karl Abraham, *Der Betrieb als Bildungsfaktor*, Köln-Braunsfeld 1953, S. 94 ff.

7 Vgl. F. Himmelreich in der Zeitschrift der Bundesvereinigung der deutschen Arbeitgeberverbände *Der Arbeitgeber* vom 5. Novemer 1962.

8 Vgl. »Arbeitswelt und Schule«, Bericht über das sechste Gespräch des Ettlinger Kreises, in *Neue Sammlung*, 1. Jahrg. 1961, Heft 4, S. 334 ff.

9 *Bildungsarbeit im Betrieb. Empfehlungen des Ausschusses für Nachwuchs- und sozialpolitische Jugendarbeit der Bundesvereinigung der Arbeitgeberverbände*, Köln, Juli 1962.

10 Vgl. B. Lutkat, »Betriebsnahe Bildungsarbeit organisieren«, in: *Der Gewerkschafter*, 12. Jahrg. 1965, S. 183 ff.

11 Fritz Gumpert, *Die Bildungsbestrebungen der freien Gewerkschaften*, Jena 1923, S. 39.

12 Leon Festinger, *A Theory of Cognitive Dissonance*, Stanford University Presse 1957.

13 Herbert C. Kelman, »Theoretische Grundlagen der Einstellungsänderung«, in: *Politische Psychologie*, Bd. 3, Frankfurt/M. 1963, S. 88.

14 Ob die spontane Welle wilder Streiks im Herbst 1969 eine neue Phase des Klassenkampfes eingeleitet und jene Nachkriegsperiode, in der die Streikbereitschaft der westdeutschen Arbeiter im Vergleich zu allen industiell fortgeschrittenen Ländern des Westens am geringsten war [auf je 1000 Arbeiter kamen im Durchschnitt der letzten vier Jahre an Arbeitstagen, die durch Streiks verloren gingen, in: Italien 862; USA 447; Frankreich 147; England 109; Japan 104; Bundesrepublik 5 (vgl. *Der Gewerkschafter*, 10. Oktober 1969, S. 369)], endgültig zum Abschluß gebracht hat, läßt sich nur schwer sagen, jedenfalls wird in einer weiter gefaßten Perspektive eine Repolitisierung der Instrumente der Tarifverträge kaum noch zu unterbinden sein. Wie immer aber auch die Entwicklung der letzten Jahre beurteilt werden mag: langfristige Bildungsarbeit hat sich an den ungüstigsten Bedingungen der Politisierung der Arbeiterschaft zu orientieren. Vgl. *Die Septemberstreiks 1969*. Beiträge des IMSF, Frankfurt/M. 1969; Schumann u. a., *Am Beispiel der Septemberstreiks*, SOFI-Studienreihe, Frankfurt/M. 1971.

15 Herbert C. Kelman, a. a. O., S. 86 ff.

16 Der Bedeutungsgehalt dieses Begriffs ist sehr klar von Simone Weil dargestellt worden. Vgl. *La condition ouvrière*, Collection Idées, Paris 1951.

17 Vgl. die methodischen Hinweise von Andreé Andrieux, Jean Lignon, *L'Ouvrier d'Aujourd'hui*, Paris 1960, S. 25 ff.

18 Leon Festinger, a. a. O.; Heinrich Popitz, Hans Paul Bahrdt, Ernst August Jüres, Hanno Kesting, *Das Gesellschaftsbild des Arbeiters*, Tübingen 1957, S. 229 (im folgenden zitiert: *Gesellschaftsbild des Arbeiters*).

19 Die tiefe Abneigung von Arbeiterfunktionären gegen psychologische und später psychoanalytische Erklärungen gesellschaftlicher Erscheinungen und der Verhaltensweisen des Proletariats ist so alt wie die Arbeiterbewegung selber. Prinzipiell berechtigt ist dieser Vorbehalt insoweit, als in der Tat weder die Gesetze der kapitalistischen Warenproduktion noch der objektive Prozeß der sozialrevolutionären Emanzipation aus psychologischen Bedingungen erklärt werden können, also nicht primär zum Gegenstandsbereich der Psychologie gehören. Aber die kritische Funktion dieses anti-psychologischen Affekts geht in dem Maß verloren, wie das historisch relevante Verhalten der proletarischen Massen aus seinen sozialökonomischen Existenzbedingungen und aus dem objektiven Krisenzusammenhang der kapitalistischen Gesell-

schaftsordnung nicht mehr ausreichend zu erklären ist. Spätestens seit es dem Faschismus in großem Maßstab gelang, den drohenden Zusammenbruch des kapitalistischen Systems abzuwenden, indem er die kleinbürgerlich-ambivalente Struktur der revolutionären Energien des Proletariats für eine seinen Interessen und historischen Aufgaben widersprechende Politik »umzufunktionieren« verstand, ist keine Theorie der Arbeiterbewegung mehr denkbar, die auf politische Psychologie verzichten könnte. Wilhelm Reich, dessen sexualökonomische Bewegung (Sexpol) die Familienstruktur als wesentliche Vermittlungsinstanz zwischen Basis und Überbau begreift, hat als erster aus der Erfahrung der faschistischen Massenbewegungen den Umkreis der Probleme einer dialektisch-materialistischen Psychologie neu bestimmt. Er geht davon aus, daß ein Handeln, das der ökonomischen Situation entspricht, der psychologischen Erklärung kaum bedarf. Denn für die »dialektisch-materialistische Psychologie steht die Frage gerade umgekehrt: nicht, daß der Hungernde stiehlt oder daß der Ausgebeutete streikt, ist zu erklären, sondern warum die Mehrheit der Ausgebeuteten nicht streikt« (*Massenpsychologie des Faschismus*, S. 34). Nach Reich ist »rationales« Verhalten geradezu dadurch definiert daß es keiner psychologischen Erklärungen bedarf: so etwa die Rebellion des Arbeiters gegen die »condition ouvrière«. »Je rationaler das Verhalten, desto einger ist das Aufgabengebiet der Psychologie des Unbewußten; je irrationaler, desto weiter, desto mehr bedarf die Soziologie der Hilfe der Psychologie. Das gilt vor allem für das Verhalten der unterdrückten Klassen im Klassenkampf. Daß ein Industriearbeiter oder die Industriearbeiterschaft die Angleichung der Aneigungsformen an die Produktionsform erstrebt, bedarf keiner anderen als der zusätzlichen Bemerkung, daß sie dabei den einfachen Gesetzen des Lust-Unlust-Prinzips folgen. Daß aber die unterdrückte Klasse in breiten Schichten die Ausbeutung in dieser oder jener Form bejaht oder gar unterstützt, ist unmittelbar nur psychologisch und erst mittelbar, indirekt soziologisch zu verstehen.« (Reich, *Dialektischer Materialismus und Psychoanalyse, Unter dem Banner des Marxismus*, Moskau 1929, S. 53 f.). – Diese Erkenntnis hat sich, in der nötigen materialen Ausbreitung, eigentlich erst in der Neuen Linken vollständig durchgesetzt; nicht zufällig ist die politische Psychologie von Wilhelm Reich zu den wichtigsten Bestandteilen ihrer revolutionstheoretischen Diskussion geworden.

20 Theodor W. Adorno, »Zum Verhältnis von Soziologie und Psychologie«, in: *Sociologica 1, Frankfurter Beiträge zur Soziologie*, Bd. 1, S. 28.

21 Vgl. insbesondere Andrieux/Lignon, a.a.O., S. 41–98; Georges Friedmann, *Zukunft der Arbeit*, Köln 1953, S. 263 ff.

22 Manfred Teschner hat auf die Neigung von Arbeitern hingewiesen, Lohnforderungen nicht mehr mit höherer Leistung, sondern mit geplanten Anschaffungen zu begründen. (Vgl.: *Zum Verhältnis von Betriebsklima und Arbeitsorganisation*, Frankfurt/M. 1961.) Heute zeichnet sich, wie die Streiks der letzten Jahre vermuten lassen, eine neue Entwicklung ab. Offenbar tritt, nachdem die dringlichsten Konsumbedürfnisse befriedigt sind, die Verteidigung des erreichten ökonomischen und sozialen Status immer mehr in den Vodergrund. Daneben gewinnen, wie eine große, gerade abgeschlossene Göt-

tinger Untersuchung über die Folgen der Automation zeigt (Horst Kern/Michael Schumann, *Industriearbeit und Arbeiterbewußtsein*, Frankfurt/M. 1970), Probleme der Arbeitsplatzsituation (Dispositionsspielraum, Belastung und so weiter) im Bewußtsein der qualifizierten Arbeiter immer größere Bedeutung.

23 Vgl. Heinrich Popitz, Hans Paul Bahrdt, Ernst August Jüres, Hanno Kesting, *Technik und Industriearbeiten*, Tübingen 1957, S. 173 ff.

24 Vgl. Bero Rigauer, *Sport und Arbeit*, Frankfurt/M. 1969. Siehe auch Gerhard Vinnai, *Fußballsport als Ideologie*, Frankfurt/M. 1970.

25 Vgl. Jürgen Habermas, »Soziologische Notizen zum Verhältnis von Arbeit und Freizeit«, in: *Konkrete Vernunft*, Festschrift für Erich Rothacker, Bonn 1958. S. 219 ff.

26 Strzelewicz, *Jugend in ihrer freien Zeit*, München 1965, S. 17.

27 Sigmund Freud, *Das Unbehagen in der Kultur*, Fischer-Bücherei, Frankfurt/M. 1955, S. 110.

28 G. Friedmann, *Zukunft der Arbeit*, a. a. O., S. 290 ff.

29 Vgl. Michael Schumann: *Über die Folgen der Automation* (unveröffentlichtes Manuskript).

30 »Die Erhöhung des Arbeitslohnes erregt im Arbeiter die Bereicherungssucht des Kapitalisten, die er aber nur durch Aufopferung seines Geistes und Körpers befriedigen kann.« (Karl Marx, *Kleine ökonomische Schriften*, Berlin 1955, S. 50).

31 Alexander Mitscherlich, »Meditationen zu einer Lebenslehre moderner Massen«, Sonderdruck aus *Merkur*, München, März 1957, S. 17.

32 Vgl. Serge Mallet, *La Nouvelle Classe Ouvrière*, Paris 1963, S. 8.

33 Vgl. R. Wald, *Industiearbeiter privat. Eine Studie über private Lebensformen und persönliche Interessen*, Stuttgart 1966.

34 Richard Hoggart, *The Uses of Literacy, Aspects of Working Class Life*, London 1959, S. 144. Natürlich ist mit dieser »Verkehrung« nicht gemeint, daß die materiellen Bedürfnisse der Arbeiter wirklich befriedigt sind; es bedeutet vielmehr, daß sie auch dort, wo ihre Befriedigung einen elementaren Bedürfnisstand überschreitet, in entfremdete Kapitalinteressen eingebunden sind.

35 Talcott Parsons, »Die Motivierung des wirtschaftlichen Handelns«, in: *Beiträge zur soziologischen Theorie*, Neuwied 1064, S. 151.

36 Zur Erklärung siehe das Fremdwörterverzeichnis.

37 Vgl. Giuseppe Bonazzi, in: *Problemi de Socialismo*, Juli/August 1962, V. Jahrg., S. 694 ff. Im übrigen weist diese Untersuchung auf ein Problem hin, das in Deutschland bisher viel zu wenig Beachtung fand: die Privilegierung des Arbeiters durch betriebliche Gratifikationen (Werkswohnungen, Schulen und so weiter) muß nicht zwangsläufig zu einer politischen Korrumpierung führen, sondern die durch derartige Sonderleistungen bedingte Selbstsicherheit kann die Sensibilisierung gegenüber betrieblichen und gesellschaftlichen Herrschaftsverhältnissen geradezu erhöhen.

38 Als Evasionisten bezeichnen Andrieux und Lignon die Gruppe in der Arbeiterschaft, die ihrem kollektiven Schicksal durch individuelle Lösungen entkommen wollten. Vgl. a. a. O. S. 106 ff.

39 *Gesellschaftsbild des Arbeiters*, S. 205; Andrieux/Lignon, a. a. O., S. 35 ff.

1 Vgl. Basil Bernstein, »Sozio-kulturelle Determinanten des Lernens«, *Kölner Zeitschrift für Soziologie und Sozialpsychologie*, Sonderheft 4, 1959, S. 52; Stendenbach, *Soziale Interaktion und Lernprozesse*, a.a.O., S. 99; – Ulrich Oevermann: *Sprache und soziale Herkunft. Ein Beitrag zur Analyse schichtenspezifischer Sozialisationsprozesse und ihrer Bedeutung für den Schulerfolg*, Frankfurt/M. 1967 (unveröffentlichte Dissertation), und D. Lawton: »Social class differences of written work«, in: *Language and Speech*, 7, 1964, bestätigen im wesentlichen die Thesen von Bernstein.

2 Zur Problematik des Begabungsbegriffs, vgl. die Arbeit von Ulrich Oevermann, »Soziale Schichtung und Begabung«, in: *Zeitschrift für Pädagogik*, 6. Beiheft 1966, S. 166 ff.

3 Ein bedeutender theoretischer Ansatz findet sich bei Popitz u.a., *Gesellschaftsbild des Arbeiters*, a.a.O., insbesondere in den Kapiteln: »Zur sozialen Topik«, S. 81 ff., und: »Bemerkungen zum politischen Denken der Arbeiter«, S. 163 ff.

4 Die Frage, inwieweit die Sprachentwicklung selber die Ausschöpfung der funktionell gesetzten Grenzen der Begabung des Individuums mit bestimmt, führt über den Zusammenhang dieser Untersuchung hinaus. Vgl. dazu den wichtigen Aufsatz von Ulrich Oevermann: »Soziale Schichtung und Begabung«, a.a.O.

5 *Gesellschaftsbild des Arbeiters*, S. 166.

6 Vgl. Walter Lippmann, *Die öffentliche Meinung*, München 1964, S. 92.

7 Zum Begriff vgl. *Gesellschaftbild des Arbeiters*, S. 86 ff.

8 Dieser von Basil Bernstein eingeführte Begriff wird stäter erläutert.

9 *Gesellschaftsbild des Arbeiters*, S. 87.

10 Andrieux/Lignon, a.a.O., S. 106 ff.

11 *Gesellschaftsbild des Arbeiters*, S. 84.

12 Burkart Lutz, »Technischer Fortschritt und Gesellschaft«, in: M. Feuersenger, *Gibt es noch ein Proletariat?*, Frankfurt/M. 1962, S. 50.

13 *Gesellschaftsbild des Arbeiters*, a.a.O., S. 164.

14 Vgl. die großartige Analyse über die Arbeiterkultur von Richard Hoggart, a.a.O., insbesondere S. 280 ff. Im übrigen zeigt sich hier deutlicher als an anderen Untersuchungsgegenständen, wie wenig die *exakten* Methoden der empirischen Sozialforschung imstande sind, Phänomene wie das der Arbeiterkultur angemessen zu untersuchen, ohne auf die in den empirischen Forschungsapparaturen mittlerweile diskriminierten Methoden, wie etwa die der teilnehmenden Beobachtung, zurückzugreifen. Teilnehmende Beobachtung ist offenbar auch das einzige Mittel, mit dessen Hilfe man die Situationslogik von spontanen Streiks rekonstrieren kann.
Es sind freilich nicht nur die Mechanismen des Kulturindustrie, die die sozio-kulturelle Identität und die existierenden Formen des Klassenbewußtseins der Arbeiterschaft zu zerstören drohen. Bisher ist viel zu wenig beachtet worden, in welchem Maß die unter kapitalistischen Umweltbedingungen betriebene Stadtsanierung mit der Zerschlagung klassenspezifischer Wohngebiete und mit dem Versuch, aus verschiedenen Klassen, Schichten und Gruppen »gemischte« Wohnviertel an deren Stelle zu setzen, die gesamten primären Kommunikationsstrukturen zerbricht und zur Vereinzelung der Menschen beiträgt. Eine der Folgen ist die Neurotisierung ganzer Bevölkerungsgruppen.

15 Vgl. Die Studie von Horst Kern und Michael Schumann: *Industriearbeit und Arbeiterbewußtsein*, Frankfurt/M. 1970 (*Wirtschaftliche und soziale Aspekte des technischen Wandels in der Bundesrepublik Deutschland*, Forschungsprojekt des RKW, Bd. 8.

16 Vgl. Martin Irle, »Der Einfluß von Kommunikationsmedien auf Einstellungen und Informationen über den Gegenstand der Einstellungen«, in: *Kölner Zeitschrift für Soziologie* 1961, Heft 2, S. 239–257.

17 Vgl. Strzelewicz, *Jugend in ihrer freien Zeit*, Deutsches Jugendinstitut, Überblick Bd. 11, Müchen 1965.

18 Janpeter Kob, »Die Rollenproblematik des Lehrerberufs«, in: *Kölner Zeitschrift für Soziologie und Sozialpsychologie*, Sonderheft 4, 1959, S. 99.

19 Jürgen Habermas, »Pädagogischer ›Optimismus‹ vor Gericht einer pessimistischen Anthropologie«, in: *Neue Sammlung*, 1. Jahrg. Juli/August 1961; vgl. auch Stendenbach, *Soziale Interaktion und Lernprozesse*, a. a. O., S. 219.

20 Wolfgang Hochheimer, »Zur Tiefenpsychologie des pädagogischen Feldes«, in: *Die Deutsche Schule*, 51. Jahrg. 1959, S. 117.

21 Christa Riemann, *Der Kommunikationsfluß von einer Gewerkschaftsleitung zu ihren Funktionären über das Medium einer Zeitschrift und die Aufnahme des Kommunikationsinhaltes durch die Funktionäre*, Dissertation Köln 1964, S. 131.

22 Vgl. Hans Tietgens, »Bildungsvorstellungen und Gesellschaftsbild«, in: »*Volkshochschule im Westen*«, Heft 2, 1964: vgl. dazu auch die große Untersuchung: Willy Strzelewicz, Hans-Dietrich Raapke, Wolfgang Schulenberg: »*Bildung und gesellschaftliches Bewußtsein*«, Stuttgart 1966.

23 Friedrich Weltz, »*Ausbildung und Aufstieg. Ergebnisse einer Befragung von Teilnehmern des Huckinger Erwachsenenbildungswerks*«, im Auftag der Mannesmann AG, Düsselsorf 1959, S. 66.

24 Zum Beispiel übersieht Basil Bernstein, daß der sprachbedingte Konservativismus der Arbeiter unter bestimmten gesellschaftlichen Bedingungen eine antikonformistische Funktion haben kann. In ähnliche Irrtümer führen alle Sozialisations- und Sprachtheorien, die ihre Kategorien nicht aus geschichtlichen und gesellschaftlichen Zusammenhängen gewinnen.

25 Vgl. Ch. Lütgens: »Die Schule als Mittelklasseninstitution«, in: P. Heintz (Hrsg.): *Soziologie der Schule*, Köln/Opladen 1959, S. 22–39.

26 Ulrich Oevermann, *Sprache und soziale Herkunft*, a. a. O., S. 60.

27 Basil Bernstein, »Some Sociological Determinants of Perception«, in *The Britisch Journal of Sociology*, 1958, (IX), S. 160.

28 Vgl. Ulrich Oevermann, *Sprache und soziale Herkunft*, a. a. O., S. 41 ff.

29 Basil Bernstein, »A public language: some sociological implications of a linguistic form«, in: *The British Journal of Sociology*, 1959 (X), S. 315.

30 In der demnächst erscheinenden Schrift: *Universität und Arbeiterbewegung. Zur Klassenanalyse der Intelligenz* hoffe ich dieses Problem näher erörtern zu können.

31 Basil Bernstein, *Sozio-kulturelle Determinanten des Lernens*, a. a. O., S. 70

1 Basil Bernstein weist auf diese klassenspezifischen Faktoren der Zeitwahrnehmung des Arbeiterkindes hin. »Das System der Erwartungen, oder die Zeitspanne der Antizipation ist verkürzt, so daß verschiedene Komplexe von Vorlieben, Zielen und Enttäuschungen entstehen. Diese Umwelt begrenzt die Zeitwahrnehmung des Kindes und seine Wahrnehmung in der Zeit … es gibt kein Zeitkontinuum, in das die gegenwärtige Tätigkeit eingeordnet werden kann.« (Basil Bernstein, »Some Sociological Determinants of Perception, An Inquiry into Sub-cultural Differences«, in: *The British Journal of Sociology*, Bd. IX, 1958, S. 168.

2 Karl Marx, Briefe aus den »Deutsch-Französischen Jahrbüchern«, in: Karl Marx/Friedrich Engels, *Werke*, Berlin 1957, Bd. I, S. 345.

3 Karl Marx, »Der achtzehnte Brumaire des Louis Bonaparte«, in: Karl Marx/Friedrich Engels, *Ausgewählte Schriften in zwei Bänden*, Berlin 1955, Bd. I, S. 250.

4 Vorstellungen über einen »gerechten Lohn«, die im allgemeinen die prinzipielle Ungerechtigkeit, das heißt das in jeder Lohnarbeit enthaltene Nicht-Äquivalent, verdekken, finden sich in sehr verschiedenen Formen bereits heute bei einem großen Teil der Arbeiterschaft. Über den gesellschaftlichen Ursprung dieser Vorstellungen vgl. Oswald v. Nell-Breuning, *Kapitalismus und gerechter Lohn*, Freiburg 1960.

5 Daß Lukács mit der geschichtsmetaphysischen Substanzialisierung des Klassenbewußtseins, dessen konkrete dialektische Vermittlung mit den empirischen, handelnden Individuen der proletarischen Klasse verhindert, darf nicht übersehen werden; die weitere Erörterung dieses Problems würde den Rahmen dieser Arbeit jedoch überschreiten.

6 G. Lukács, *Geschichte und Klassenbewußtsein*, Berlin 1923, S. 62.

7 Karl Marx, *Das Kapital*, Bd. I, Berlin 1955, S. 647.

8 Ein volles Bewußtsein der Klassenlage ist im strengen Sinn nur in dem Augenblick zu erreichen, in dem sich die Klassengesellschaft auflöst.

9 Vgl. zum veränderten Verhältnis zwischen traditionellen Arbeiterparteien und Gewerkschaften die Studie von André Gorz: *Zur Strategie der Arbeiterbewegung im Neokapitalismus*, Frankfurt/M. 1967. Inzwischen hat Gorz, vor allem im Anschluß an die Erfahrungen der französischen Mai-Bewegung, seinen »entristischen«, sehr stark von der Kraft innergewerkschaftlicher Opposition ausgehenden Standpunkt aufgegeben; er betont nunmehr die Notwendigkeit einer revolutionären Partei. »… Unter den vielen Unzulänglichkeiten des vorangegangenen Buches (ist) eine, die heute viel klarer erscheint: die ›Strategie der Arbeiterbewegung‹, die es zu skizzieren versucht, erscheint zweideutig und vor allem merkwürdig sprachlos im Hinblick auf die politische Dimension und das entsprechende Instrument, ohne das eine ›offensive Strategie‹ nicht einmal vorstellbar ist, dieses Instrument ist die revolutionäre Partei.« (*Die Aktualität der Revolution*, Frankfurt/M. 1970, S. 16)

10 Gerhard Rosenfeld, »Lernmotive und Perspektiverleben«, in: *Pädagogik*, 16. Jahrg. 1961, Nr. 7, S. 645; vgl. Hans Tietgens, *Warum kommen wenig Industriearbeiter in die Volkshochschule?* (unveröffentlichtes Gutachten), Deutscher Volkshochschulverband e.V., Pädagogische Arbeitsstelle.

V. PRINZIPIEN DER EXEMPLARISCHEN REORGANISATION DES LEHRSTOFFS

1 Es handelt sich im folgenden um die Erörterung von »Prinzipien« der exemplarischen Lernprozesse, nicht um die erschöpfende Darstellung eines Katalogs exemplarischer Themenbereiche. Da aber ein wesentliches Merkmal des exemplarischen Lernens in der Verbindung von methodischen und inhaltlichen Problemen des Lernens besteht, erwies es sich als notwendig, das Prinzip an spezifischen Gegenständen zu entwikkeln. Grundsätzlich besteht kein Vorrang der hier als Beispiel gewählten Themenbereiche Recht und Technik vor anderen.

2 Vgl. Richard Hoggart, a.a.O., S. 161; Personalisierung und Fragmentierung werden von Hoggart mit Recht als charkateristische Merkmale des Indifferentismus und der politischen Apathie begiffen.

3 Vgl. dazu: »Gemeinschaftskunde und Politische Bildung«, 2. Sonderheft, *Neue Sammlung*, Göttingen 1963, insbesondere das Referat von Manfred Teschner, S. 107 ff.

4 Vgl. meinen Aufsatz: »Auf dem Wege zu einer autoritären Gesellschaft«, in: *Politik ohne Vernunft*, Hamburg 1965.

5 Peter B. Hofstätter (Hrsg.), *Psychologie*, Fischer-Lexikon, Frankfurt/M. 1957, S. 179 ff.

6 Wolfgang Hochheimer, »Probleme einer politischen Psychologie«, in: *Arbeiterbildung, Arbeit und Leben*, Niedersachsen, S. 138.

7 *Gesellschaftsbild des Arbeiters*, a.a.O., S. 286.

8 Im unmißverständlichen Appell an ihre unmittelbaren Interessen sieht Adorno geradezu die wirksamste Methode, den Menschen die Bedeutung des Politischen klarzumachen. »Erinnert man die Menschen ans Allereinfachste: daß offene oder verkappte faschistische Erneuerungen Krieg, Leiden und Mängel unter einem Zwangssystem (bedeuten) ... kurz, daß sie auf Katastrophenpolitik hinauslaufen, so wird das tiefer beeindrucken als der Verweis auf Ideale oder selbst auf das Leiden anderer.« (*Was bedeutet: Aufarbeitung der Vergangenheit?*, herausgegeben vom Deutschen Koordinierungsrat der Gesellschaften für Christlich-Jüdische Zusammenarbeit, Frankfurt/M., S. 23.)

9 Christa Riemann, a.a.O., S. 144.

10 Karl Korsch, *Arbeitsrecht für Betriebsräte*, Frankfurt/M. 1968. Im übrigen ist die Rolle, die die »Konstitutionalisierung der Arbeit« in der Entstehungsgeschichte reformistischer Organisationen und Programme gespielt hat, bisher viel zu wenig beachtet worden. Die Zählebigkeit des Lassalleanismus ist offenbar zu einem nicht geringen Teil in diesen Tendenzen begründet.

11 Vgl. Jürgen Seifert, »Der Kampf um Verfassungspositionen«, in: *neue kritik*, Heft 35, 1966, S. 4–11; überarbeitet in: *Vorgänge*, Heft 7, 1966, S. 275–278B und in: »Verfassungsregeln im politischen Konflikt«, *Vorgänge*, Heft 9, 1969, S. 301–210.

12 *Gesellschaftsbild des Arbeiters*, S. 244.

13 Vgl. meine Bemerkungen über die »Strukturelemente der autoritären Gesellschaft«, in: *Politik ohne Vernunft*, Hamburg 1965, S. 141 ff.

14 Vgl. F. Sellier, »Les Contradictions Juridiques Du Système Français Des Relations Industrielles«, in: *Stratégie de la Lutte Sociale*, Paris 1961.

15 Ralf Dahrendorf, »Deutsche Richter. Ein Beitrag zur Soziologie der Oberschicht«, in: ders., *Gesellschaft und Freiheit,* München 1961, S. 186.

16 Hans Paul Bahrdt, »Die wissenschaftspolitische Entscheidung«, in: *atomzeitalter,* Juni 1964, S. 159 ff.

17 *Gesellschaftsbild des Arbeiters,* S. 55.

18 Popitz et al., *Technik und Industriearbeit,* a. a. O., S. 204.

19 a. a. O., S. 205.

20 Gerhard Rosenfeld, *Lernmotive und Perspektiverleben,* a. a. O., S. 654.

21 Horst Kern/Michael Schumann, *Industriearbeit und Arbeiterbewußtsein,* Forschungsprojekt des RKW: *Wirtschaftliche und soziale Aspekte des technischen Wandels in der BRD,* Bd. 8, Frankfurt/M. 1970.

22 Harold Laski, *Die Gewerkschaften in der neuen Gesellschaft,* Köln 1952, S. 168.

FREMDWÖRTER- UND BEGRIFFSERLÄUTERUNGEN

1 Es wurde bei der Erläuterung der Fremdwörter und Begriffe darauf geachtet, daß sie den Sinnzusammenhang ihrer Verwendung in diesem Buch möglichst genau treffen. Wo es sich um eine ganz spezifische Verwendung handelte, wurde sie besonders gekennzeichnet.

Wir verweisen auf das 1970 im Signal-Verlag Baden-Baden erschienene Lexikon Drechsler / Hillingen / Neumann, ›Staat und Gesellschaft. Lexikon der Politik‹, das wichtige Grundbegriffe verständlich erläutert.

Editorische Notiz

Die Werkausgabe umfasst Oskar Negts Schriften in der Reihenfolge ihres Erscheinens. Sie beginnt mit seiner Dissertation *Konstituierung der Soziologie zur Ordnungswissenschaft* und erstreckt sich über sein umfangreiches Schaffen von den späten 1960er Jahren bis zur 2014 publizierten Streitschrift *Philosophie des aufrechten Gangs.* Diese Werkausgabe dokumentiert Traditions- und Entwicklungslinien im Denken Negts. Der Entfaltung, Fortschreibung und Überarbeitung seiner Argumentation und Terminologie folgend, enthält sie Erstausgaben bzw. überarbeitete Auflagen. Orthographie und Interpunktion entsprechen daher nicht in allen Bänden den Regeln der neuen deutschen Rechtschreibung.

Der vorliegende Band 2 der Werkausgabe folgt der 1975 erschienenen überarbeiteten Neuausgabe Oskar Negt: *Soziologische Phantasie und exemplarisches Lernen* (Europäische Verlagsanstalt).

1. Auflage 2016
© Steidl Verlag, Göttingen 2016
Erstausgabe 1971: *Soziologische Phantasie und exemplarisches Lernen*
Buchgestaltung: Steidl Design
Alle Rechte vorbehalten
Gesamtherstellung:
Steidl, Düstere Str. 4, 37073 Göttingen
steidl.de

Printed in Germany by Steidl
ISBN 978-3-86930-877-7